MANIFEST DER FREIEN STRASSE

jovis

MANIFEST DER FREIEN STRASSE

Allianz der freien Straße (Hg.)

bestehend aus:

paper planes e. V. – Gemeinnützige Denkfabrik für ein besseres
Leben zwischen den Häusern

Wissenschaftszentrum Berlin für Sozialforschung,
Forschungsgruppe digitale Mobilität
und gesellschaftliche Differenzierung

Technische Universität Berlin, Fachgebiet Arbeitslehre/
Technik und Partizipation

Das Projekt „Verkehrswende erleben"
wird gefördert von der Stiftung Mercator.

WARUM DIESES MANIFEST?

Unser Morgen steht zur Disposition!

Es sind die von uns Menschen verursachte Klimakrise, der demografische Wandel und die wachsende soziale Ungleichheit, es sind die großen Schritte in eine digitalisierte und kompetitive Welt, mit denen wir uns über die nächsten Jahre und Jahrzehnte auseinandersetzen müssen. Als Gruppe von Forschenden, Planerinnen und Kreativen haben wir uns mit Möglichkeiten beschäftigt, wie sich unsere Lebensrealität trotzdem positiv gestalten lässt. Wir haben dabei unseren Fokus auf einen kaum beachteten Stadtraum gelegt, an dem wir jedoch alle gemeinsam wohnen und der uns allen gemeinsam gehört: die Straße.

Derzeit großenteils maximal ineffizient mit privaten Autos zugestellt, schlummert auf ihrer Fläche das Potenzial einer Befreiung hin zu einer sozialeren, ökologischeren und gesünderen Gesellschaft.

Wir danken für Ihr Interesse und hoffen, Sie mit dem Manifest der freien Straße überzeugen zu können! Besuchen Sie auch unsere Website www.strassen-befreien.de und treten Sie mit uns in Kontakt!

Allianz der freien Straße

INHALT

7   Warum dieses Manifest?

10 **Die Nachbarschaftsthese**
    Die Straße ist unser Treffpunkt mit dem Fremden.
    Verändern wir Straße – verändern wir Gesellschaft.

28 **Die Mobilitätsthese**
    Die Nutzung des Stadtraums als Parkplatz ist ein fundamentales Missverständnis.
    Echte Freiheit beginnt jenseits unserer privaten Autos. Befreien wir uns von ihnen!

48 **Die Wirtschaftsthese**
    Befreite Straßen sind Lebensadern des Fortschritts.
    Sie versorgen uns zuverlässig und schaffen neue Räume für Kreativität und Innovation.

70 **Die Gesundheitsthese**
    Befreite Straßen sind charmante Einladungen.
    Auf ihnen sind alle Menschen sicher, gesund und gerne unterwegs.

92 **Die Klimathese**
    Befreite Straßen schützen unser Leben und das der kommenden Generationen.
    Mit ihnen lassen sich Extremwetterlagen besser bewältigen.

110 **Die Politikthese**
    Um Straßen zu befreien, braucht es politischen Willen.
    Konflikte müssen ausgehalten, Neues muss gewagt und manches auch wieder verworfen werden.

132 **Die Beteiligungsthese**
    Um Straßen zu befreien, braucht es Pioniere.
    Wir alle können diesen Kulturwandel mitgestalten.

150 Bibliografie

158 Impressum

DIE STRASSE IST UNSER TREFFPUNKT MIT DEM FREMDEN.

VERÄNDERN WIR STRASSE – VERÄNDERN WIR GESELLSCHAFT.

Die Nachbarschaftsthese

SOZIALE WESEN OHNE REVIER

Öffentliche Straßen und Plätze sind das große Gemeingut der Stadt. Jede und jeder darf sich hier aufhalten – ganz gleich welcher Meinung, Hautfarbe oder welchen Alters. Egal ob er oder sie jung, alt, reich oder arm ist. Ja, die Straße ist ein Raum, in dem sich seit Tausenden von Jahren alle begegnen (können). Zumindest theoretisch.

Seit Menschengedenken war der Raum außerhalb der eigenen (privaten) Behausung – sei es ein Zelt, eine Hütte oder ein Haus – der Ort des Austausches unter Nachbarinnen und Nachbarn. In manchen Zeiten und Kulturen feierte und teilte man diesen öffentlichen Raum mehr, in anderen weniger. Seit Mitte des 20. Jahrhundert jedoch hat der öffentliche Raum einen enormen Bedeutungsverlust erfahren. Die Massenmotorisierung und die moderne Trennung der verschiedenen Lebensbereiche haben den städtischen öffentlichen Raum für uns komplett verändert. Es geht vorwiegend nur noch darum, ihn zu durchqueren und schnell von A nach B zu kommen.

Für diesen Trend gibt es viele gute Gründe. Zu viel Nähe engt ein und überfordert den modernen Menschen oft. Er und sie möchten sich nicht auf die Zumutungen von zu viel Nähe einlassen. Lieber bewegen wir uns in unseren Kreisen, bleiben in unserer Blase. Nähe zu vermeiden, verhindert zugleich, die Welt und Unbekanntes kennenzulernen. Und wer möchte heute schon auf Nachbarinnen und Nachbarn angewiesen sein, um etwas über die aktuelle politische Lage zu erfahren? Hier zeigt sich die ganze Ambivalenz. Zwar haben moderne Techniken wie das Telefonieren oder Chatten auch wichtige Formen des menschlichen Miteinanders ergänzt und teilweise ersetzt.

Doch gibt es den einst alltäglichen kleinen Tratsch auf der Straße kaum mehr. Auch ehemals selbstverständliche Hilfestellungen unter Nachbarinnen und Nachbarn sind die Ausnahme. Man kennt sich nicht mehr. Selbst das alltägliche Betrachten anderer Mitmenschen nahm ab. Mit dem Siegeszug des Automobils fehlte einerseits der Platz, sich auf der Straße aufzuhalten, und andererseits verbargen sich Menschen von nun an hinter Glas und Metall. Das hat uns individuell und die Gesellschaft insgesamt grundlegend geprägt.

Der gesellschaftliche Zusammenhalt leidet darunter, wenn wir uns in abgeschotteten (Teil-)Öffentlichkeiten bewegen und andere Lebensweisen kaum erleben. Ambivalenztoleranz, also die Fähigkeit, ganz andere Lebensformen und Identitäten nicht nur zu erleben, sondern auch als gleichberechtigt anzuerkennen, ist nicht selbstverständlich. Sie muss erlernt werden. Die Chance dazu hängt auch mit der Gestaltung der Straße zusammen.

Wir fordern daher im Sinne einer freien und vielfältigen Gesellschaft mit dem Manifest der freien Straße mehr Raum für alltägliche Begegnungen. Die von Autos befreite Straße fördert das nachbarschaftliche Zusammenleben.

Die Nachbarschaftsthese

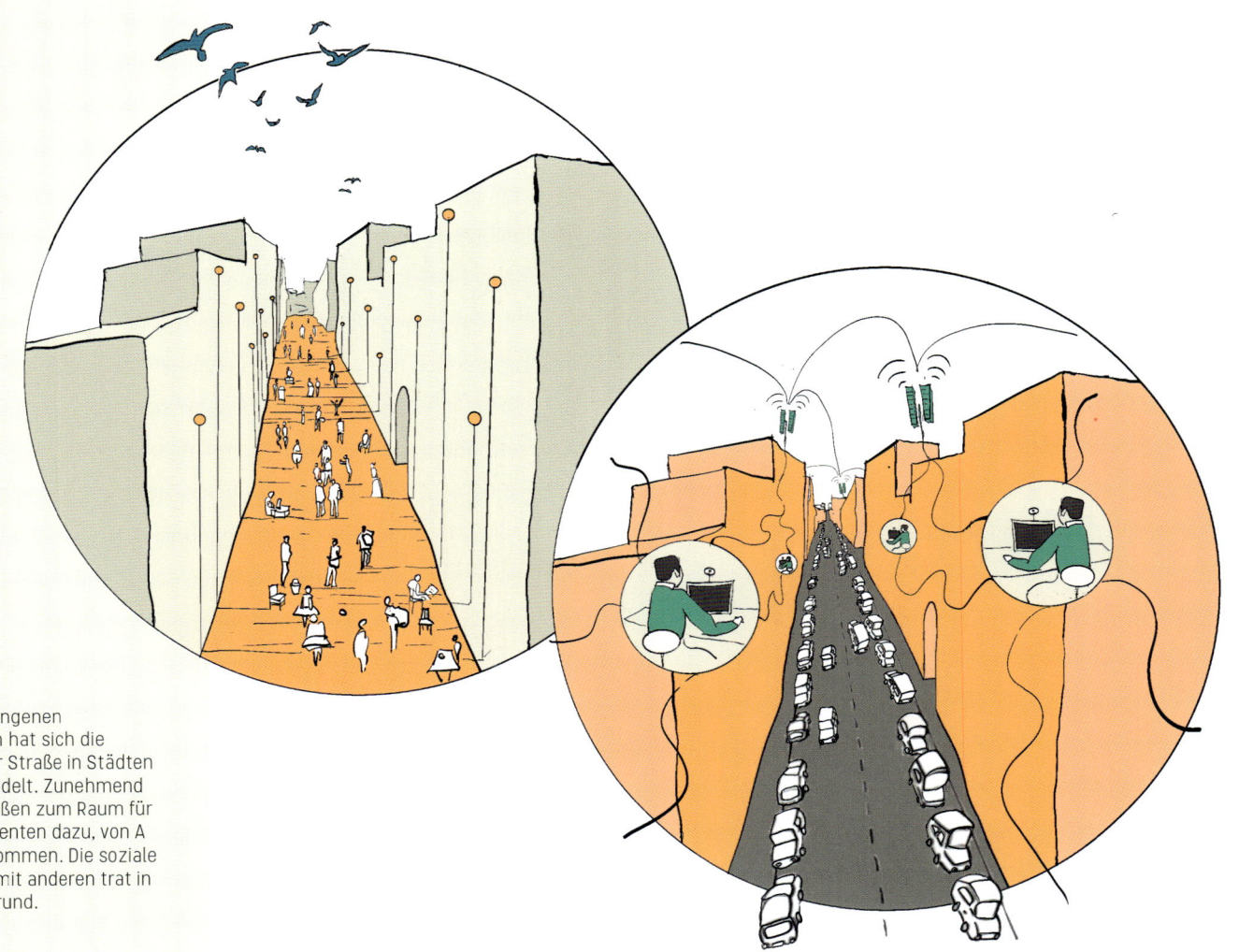

In den vergangenen Jahrzehnten hat sich die Funktion der Straße in Städten stark gewandelt. Zunehmend wurden Straßen zum Raum für Autos, sie dienten dazu, von A nach B zu kommen. Die soziale Interaktion mit anderen trat in den Hintergrund.

Die Nachbarschaftsthese

Die Gesellschaft im Kleinen

Anders als Freundinnen und Freunde oder Bekannte sucht man sich Nachbarinnen und Nachbarn (normalerweise) nicht aus. Das macht die Nachbarschaft weniger berechenbar und dadurch so wertvoll für eine demokratische Gesellschaft. Es geht um Erfahrungen und Begegnungen jenseits der eigenen Blase.

Die Welt ist komplex, und wir streben danach, sie zu vereinfachen. So sind wir beispielsweise darauf getrimmt, alles Unbekannte in bekannte Muster einzuordnen und diese zu verallgemeinern. Selbst in Bezug auf unsere Meinung über die Gesellschaft bzw. den Zustand unseres Landes verlassen wir uns am ehesten auf unsere eigenen Eindrücke und Erfahrungen. Die Nachbarschaft steht für uns oft als Abbild der Gesellschaft als Ganzes, da sie uns zugleich vertraut und fremd ist. Manche Leute kennen wir, aber eben längst nicht alle. In einer gemischten Nachbarschaft finden wir verschiedene Lebensentwürfe. Zugleich bildet jede Nachbarschaft nur einen Bruchteil der Gesamtgesellschaft ab. Dennoch überträgt sich das hohe oder geringe Vertrauen, das wir in unsere Nachbarschaft haben, zum Großteil auch auf unser Vertrauen in die Gesellschaft.

Übrigens bescheinigt die moderne Sozialwissenschaft Menschen in Nachbarschaften eine Art „kollektives Gedächtnis": In Nachbarschaften werden demnach (positive oder negative) Erfahrungen gespeichert und durch das Verhalten der Nachbarinnen und Nachbarn weitergetragen – selbstverständlich auch gemischt mit vermitteltem Wissen bzw. Erzählungen (beispielsweise aus der Zeitung/den Nachrichten) (vgl. Allmendinger & Wetzel 2019).

Die Kunstgeschichte ist durchzogen von Darstellungen des alltäglichen und selbstverständlichen Neben- und Miteinanders auf der Straße. Canalettos „Steinmetzhof" von 1725 zeigt Venedig (oben) und Eduard Gaertners Werk von 1831 zeigt „Die Parochialstraße" in Berlin (unten).

Die Nachbarschaftsthese

Die Basis guter Nachbarschaft

Moderne Wohnhäuser sind oft so konzipiert, dass ihre Bewohnerinnen und Bewohner die Straße gar nicht mehr betreten müssen: Aus dem Aufzug geht es direkt in die Tiefgarage. Es sind jedoch nicht nur Architektur und Alltagspraxis, die einer lebendigen Nachbarschaft entgegenwirken – es ist auch der Autoverkehr selbst.

Eine klassische empirische Untersuchung in den Jahren 1969 bis 1981 in San Francisco konnte zeigen, dass in Nachbarschaften mit geringem Autoverkehr deutlich mehr freundschaftliche Verbindungen im direkten Wohnumfeld vorkamen als in vergleichbaren Nachbarschaften mit viel Autoverkehr (vgl. Appleyard & Lintell 1972, Appleyard et al. 1981, Appleyard & Appleyard 2020).

Interessant ist auch, dass es große Unterschiede zwischen Anwohnerinnen und Anwohnern an viel bzw. wenig befahrenen Straßen gibt, wenn es um die Wahrnehmung des eigenen Wohnumfeldes geht: Der öffentliche Raum um das eigene Zuhause, in dem man sich gut auskennt, für den man sich in gewisser Weise verantwortlich fühlt und einen schützenden Blick auf Menschen und Dinge richtet, ist an stark befahrenen Straßen viel kleiner. Die Wahrnehmung und Aneignung des Straßenraums als eigener und gemeinsamer Ort fehlt (vgl. Hart & Parkhurst 2011).

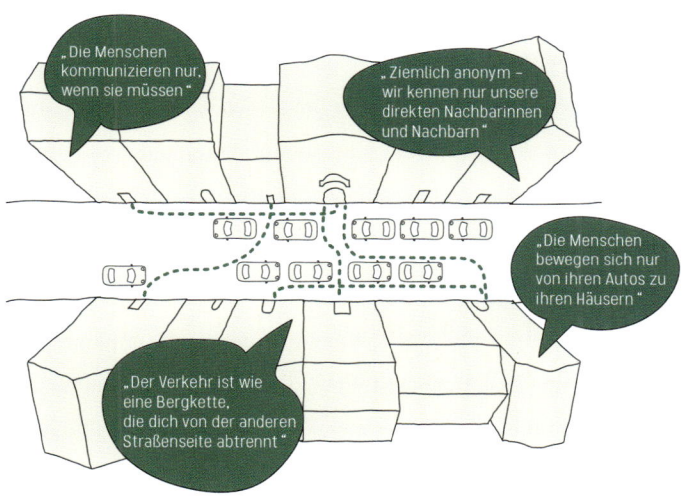

21.130
Fahrzeuge pro Tag

1,15
Freunde pro Person

140
Fahrzeuge pro Tag

5,35
Freunde pro Person

Die Untersuchung Appleyard & Lintell aus den 1970er Jahren wurde in der Folge von mehreren Studien bestätigt.

Die Nachbarschaftsthese

Wohnen, wo andere durchfahren

Würde man den motorisierten Individualverkehr reduzieren, käme dies vor allem sozial schwächeren Menschen zugute. Sie können sich häufig nur Wohnungen an Transitstraßen leisten.

Niemand wohnt gerne an Straßen, über die täglich Tausende Pkw und Lkw rauschen. Aus gutem Grund sind die Mietpreise an viel befahrenen Straßen in der Regel günstiger und dadurch vor allem für Geringverdienende erschwinglich.

Da Verkehrsstraßen aber oft auch keinen Raum für Spielmöglichkeiten, für Erholung, Bewegung und Begegnung bieten, wird die Benachteiligung noch verstärkt. So droht eine ständige Abwärtsentwicklung, wenn der Verkehr nicht auf ein erträgliches Maß reduziert werden kann (vgl. Lauerbach 2020).

Stau in Amsterdam: Die Zeilstraat um 1970.

Grafik Seite 19

In Ausnahmesituationen wie einer Hitzewelle können nachbarschaftliche Beziehungen mitunter sogar über Leben und Tod entscheiden.

Die Nachbarschaftsthese

Weit mehr als bloß Lebensqualität

Etliche Studien zeigen: Die eingeübte großstädtische Anonymität unter Nachbarinnen und Nachbarn ist nicht geeignet, um die Krisen von heute und morgen zu bewältigen.

Als 1995 die Temperaturen in Chicago über Wochen auf über 40 °C kletterten, waren die ärmlichen und auch demografisch vergleichbaren Vororte Auburn und Englewood den äußeren Umständen nach gleichermaßen betroffen: Die Menschen besaßen in beiden Vierteln kaum kühlende Klimaanlagen oder andere Hilfsmittel, die sie vor der Hitze schützten. Dennoch starben in Englewood während der Hitzewelle zehnmal so viele Menschen wie in Auburn.

Der US-Soziologe Eric Klinenberg machte sich auf die Suche nach den Ursachen und bewies mit seiner „Autopsie" der Katastrophe, dass es an den vorhandenen oder eben nicht vorhandenen Nachbarschaftsbeziehungen lag, wie wahrscheinlich das Überleben der Menschen war. In Auburn war eine funktionierende soziale Struktur gegeben, in Englewood lebten die Menschen voneinander isolierter (vgl. Klinenberg 2015).

Eine aktuelle Studie zur Coronapandemie bestätigt die Befunde aus Chicago. Untersucht wurde, wie Menschen in der Coronapandemie mit den Herausforderungen der Krise umgegangen sind: Überall dort, wo es schon vor der Pandemie soziales Engagement innerhalb von Nachbarschaften gegeben hatte, verstärkte sich dieses in der Krisensituation: „Die Bereitschaft zur Nachbarschaftshilfe ist unter Personen besonders hoch, die bereits vor der Krise ein hohes Vertrauen in ihre Nachbarschaft hatten und über viele Kontakte verfügten" (Kurtenbach et al. 2021, S. 26). Andersherum bleibt die Nachbarschaftshilfe auch in Krisenzeiten eher aus, wenn Menschen über wenig soziales Kapital, also wenige Kontakte, verfügen (vgl. ebd.).

Der Zusammenhang von Kriminalität und Städtebau wird auch unter dem Schlagwort „Kriminalpräventive Siedlungsgestaltung" diskutiert. Man ist sich dabei einig, dass sich eine (Wieder-)Belebung des Sozialraums Straße in einer geringeren Kriminalitätsrate niederschlägt. Die soziale Kontrolle verstärkt sich: „Durch die Anwesenheit anderer Menschen erhöht sich das Sicherheitsgefühl des Einzelnen und potenzielle Regelverletzer werden durch das Risiko, beobachtet zu werden, abgeschreckt" (Schubert & Schnittger 2005, S. 20).

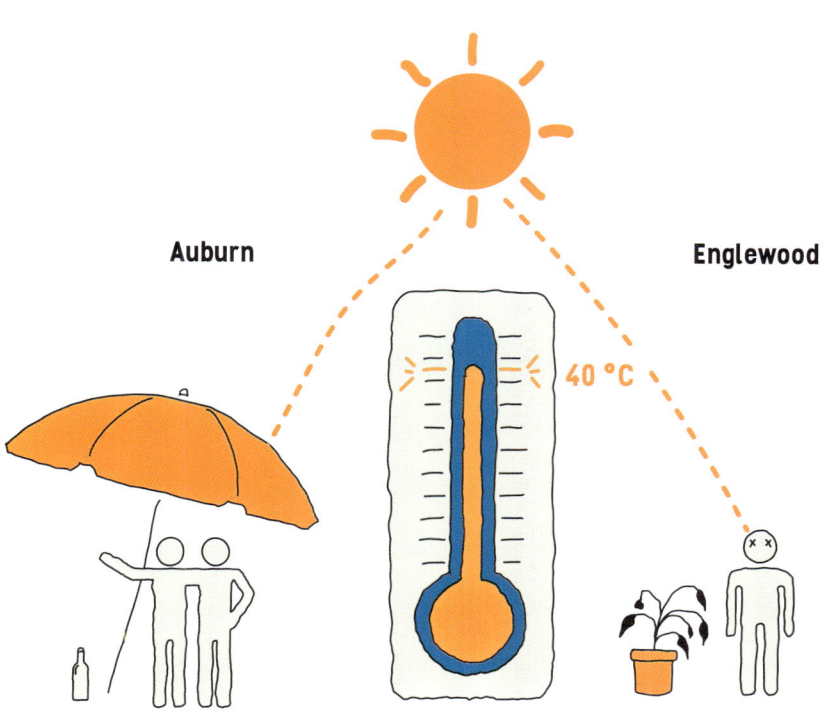

Die Nachbarschaftsthese

ÖKOSYSTEM NACHBARSCHAFT

**Zusammenleben braucht Leben. Gesellschaft braucht Geselligkeit.
Ein Szenario.**

Eine befreite Straße erkennt man auch daran, wie selbstverständlich Menschen dort ihre Zeit verbringen. Die Hektik hat nachgelassen, denn befreite Straßen sind nicht mehr nur Transitorte. Auf ihren (ehemaligen) Parkplätzen sind Aufenthaltsorte entstanden. Anders als bei einer klassischen Fußgängerzone ist eine befreite Straße nicht nur ein urbaner Laufsteg, auf den es die Menschen zieht, um zu sehen und gesehen zu werden. Befreite Straßen sind Alltagsorte.

Die Gestaltung der jeweiligen befreiten Straße spiegelt die Bedürfnisse der Anwohnenden wider und folgt gleichzeitig einem eigenen Rhythmus von Enge und Weite, von Rückzugsmöglichkeiten und Präsentationsflächen, von fest Installiertem und Temporärem. Auch starke Anker fürs Auge – also beispielsweise Kunstinstallationen oder besondere Straßenarchitekturen – tauchen in befreiten Straßen auf. Sie ermöglichen Wiedererkennung und können die Identität des Ortes stärken. In dieser Mischung unterschiedlicher Atmosphären fühlen sich Nachbarinnen und Nachbarn eingeladen, ihre vielfältigen Bedürfnisse und Interessen einzubringen. Es wird normal, Anwohnende zu sehen, wie sie auf ihrer Straße einer Arbeit, einem Hobby, einem Spiel oder gemeinnützigen Tätigkeiten nachgehen. Und beim entspannten Nebeneinander ergeben sich leicht Gespräche und lose Bekanntschaften, aber auch Freundschaften und gemeinsame Projekte (vgl. Wildner & Berger 2018).

Befreite Straßen werden so unterschiedlich sein wie die Menschen, die sich auf und an ihnen aufhalten. Selbstverständlich wird es auch zu Streitereien und Interessenskonflikten kommen. Manchmal werden sich verschiedene Menschen und Gruppen zurückziehen oder sogar abschotten – wir bleiben schließlich Menschen. Insgesamt können befreite Straßen aber zu einer solidarischen und widerstandsfähigeren Stadtgesellschaft beitragen.

Foto: Matthias Heskamp

Die Nachbarschaftsthese

Niedrigschwellige Begegnung

Angebote für sportliche Aktivitäten, etwa Tischtennisplatten, Boule-Bahnen, Straßenschach oder auch bewegbares Stadtmobiliar, fördern nachbarschaftliche Begegnungen. Die Erfahrung zeigt zudem, dass sich in einer zunehmend diversen Gesellschaft Nachbarschaftsgärten besonders gut eignen, um sprachliche und kulturelle Hürden unter Nachbarinnen und Nachbarn zu überwinden. Die parallele Arbeit kann zwanglose und entspannte Situationen und einen Begegnungsort schaffen, um den man sich gemeinsam kümmert (vgl. Haarmann & Lemke 2021).

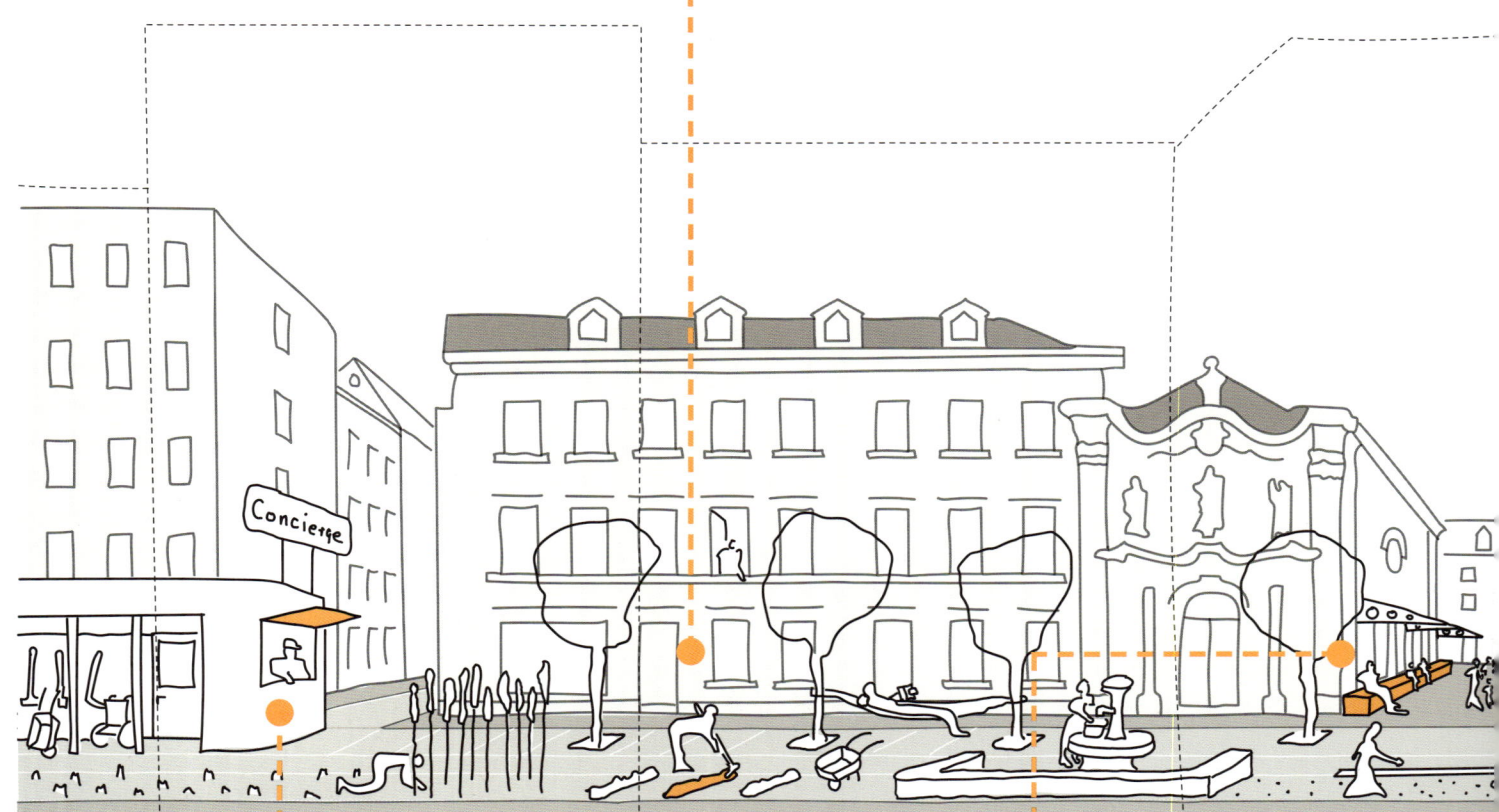

Straßen-Concierge

Das Mehr an Gemeinschaft auf kommunalem Boden organisiert sich nicht von ganz alleine: Bestimmte Regeln müssen eingehalten und Aufgaben verteilt werden. Denkbar sind Patenschaften für neue gemeinsame Infrastrukturen oder auch temporäre Nutzungslizenzen. Zusätzlich braucht es einen oder eine Straßen-Concierge, der oder die einerseits zuständig ist und sich kümmert, andererseits für Interessensausgleich sorgt oder auch (temporär) hilfsbedürftige Menschen bei ihren Alltagsherausforderungen unterstützt.

Einladende Kommunikationsorte

Sitzbank ist nicht gleich Sitzbank. Eine gute Gestaltung von Treffpunkten auf der Straße folgt Parametern, deren Wirkung der dänische Stadtplaner Jan Gehl ausgiebig analysiert hat (vgl. Gehl 1986). Begrünung, angenehme Oberflächen und das richtige Verhältnis von Schutz vor und Öffnung hin zur Umgebung entscheiden darüber, wie einladend wir einen Ort empfinden. Bestenfalls hält der urbane Raum verschiedene Sitzangebote für verschiedene Bedürfnisse bereit: von einzeln und isoliert bis gruppiert und gesprächsfördernd, mit und ohne Tische, mit und ohne Liegen oder auch für Schwangere, Kinder oder Gehbehinderte optimiert.

Kultur als Initialnutzung

Geteilte Erfahrungen können zur Initialzündung für ein stärkeres Nachbarschaftsgefühl werden: seien es Straßenflohmärkte, eine Aktion wie die Lichterwege in Wuppertal, wandernde Installationen wie der Pop-up-Wald in Berlin oder auch kulturelle Installationen wie Open-Air-Bühnen oder Open-Air-Straßenkinos.

Pavillons für Gemeinschaften

In hochverdichteten (und teuren) Stadtlagen können auf ehemaligen Autoparkstreifen auch beheizbare und verschließbare Pavillons zur gemeinschaftlichen Nutzung entstehen. In unterschiedlichen Zeitfenstern könnten die Gemeinschaftsräume vielfältig genutzt werden (bspw. morgens Kita-Spielraum, mittags Hausaufgabenbetreuung, nachmittags Seniorentee und abends Proberaum für den Nachbarschafts-Chor). Die Nutzung sollte gebührenfrei oder -arm sein und das Vergabesystem transparent und kriteriengebunden erfolgen.

Soft Edges

Eine Bedingung für ein aktives nachbarschaftliches Zusammenleben sind sogenannte weiche Kanten („soft edges") zwischen privatem und öffentlichem Raum. Insbesondere in Straßen, in denen vorrangig gewohnt wird, sind Vorgärten, Plätze und Veranden ideale Verbindungsräume, um nachbarschaftliche Interaktion zu fördern.

Überdachte Zonen

Unterstände oder Pergolen bieten losen Nachbarschaftsgemeinschaften auch bei unbehaglichen Wetterlagen (starke Hitze, Regen etc.) einen Aufenthaltsort. Insbesondere Jugendliche, aber auch Seniorinnen und Senioren sind auf informelle Treffpunkte angewiesen, an denen sie auf ihresgleichen treffen.

OMA BRIGITTE WOHNT SEIT 40 JAHREN IN IHRER WOHNUNG IN EINER DEUTSCHEN GROSSSTADT. NOCH VOR WENIGEN WOCHEN GING SIE TÄGLICH SPAZIEREN, UM KLEINIGKEITEN EINZUKAUFEN ODER DIE TAUBEN ZU FÜTTERN. MANCHMAL HATTE SIE GLÜCK UND TRAF EIN BEKANNTES GESICHT ...

DOCH SEIT IHRER HÜFT-OP WILL SIE DIE WOHNUNG NICHT MEHR VERLASSEN.

AUF DER STRASSE IST ES IHR MIT DEM ROLLATOR ZU ENG, UND SIE SCHÄMT SICH, DASS SIE JETZT AUF SO EIN DING ANGEWIESEN IST.

IHRE TOCHTER FINDET EINE LÖSUNG: IN ZUKUNFT KOMMT WÖCHENTLICH DER BEQUEME SUPERMARKT-LIEFERDIENST, UND BRIGITTE MUSS NICHT MEHR DIE WOHNUNG VERLASSEN. SIE FRAGT SICH NUR, WER SICH JETZT UM DIE TAUBEN KÜMMERT ...

SEITDEM DIE STRASSEN „BEFREIT" WURDEN, ENGAGIERT SICH BRIGITTE IM GEMEINSCHAFTSPAVILLON UND UNTERSTÜTZT SCHULKINDER BEIM LESENLERNEN. DABEI HAT SIE AUCH VIELE NACHBARINNEN KENNENGELERNT, DIE MITTLERWEILE ZU GUTEN FREUNDINNEN GEWORDEN SIND. MANCHMAL WIRD ES IHR ABER AUCH ZU QUIRLIG, DANN GEHT SIE ALLEIN DIE TAUBEN FÜTTERN.

DURCH DIE HÜFT-OP IST SIE NUN KÖRPERLICH ETWAS EINGESCHRÄNKT, ABER ZUM GLÜCK SCHAUEN IHRE FREUNDINNEN AUS DER NACHBARSCHAFT TÄGLICH NACH IHR.

MITTLERWEILE GEHT SIE SCHON WIEDER TÄGLICH IN DEN GEMEINSCHAFTSPAVILLON. ES HAT SICH KAUM ETWAS VERÄNDERT, NUR DASS SIE JETZT DIE KINDER ZUR BELOHNUNG FÜR IHRE LERNFORTSCHRITTE EINE RUNDE AUF IHREM ROLLATOR MITNEHMEN KANN.

GLOSSAR

Weiterführende Fachbegriffe

Begegnungszone
ist eine Form der verkehrsberuhigten Straße, in der Fußgängerinnen und Fußgänger Vorrang haben. Motorisierte Fahrzeuge, aber auch Fahrräder müssen Rücksicht nehmen. Sie müssen entsprechend langsam und umsichtig fahren.

Bench Bombing
meint das Aufstellen von nicht am Boden fixierten einfachen Stadtmöbeln, die von Passantinnen und Passanten individuell arrangiert werden können.

Charta von Athen
ist eine programmatische Erklärung von Architekten und Planern aus den 1930er Jahren, in der das Planungsideal für die moderne Stadt formuliert wurde: Die Funktionen sollten räumlich separiert werden. Seit den 1950er Jahren wurde diese Trennung von Wohn- und Arbeitsstätten durch die zunehmende Motorisierung und den Ausbau der Verkehrssysteme in der Bundesrepublik begünstigt.

Parklets
sind Terrassen in der Größe von einem oder mehreren Parkplätzen als temporäre oder dauerhafte Erweiterung des Gehsteigs. Häufig werden sie als Sitzgelegenheiten, Spielflächen, Pflanzbeete oder für Kunstprojekte genutzt. Ihr Ziel ist es, Platz für Menschen statt für Autos zu schaffen.

Innovationsökosystem
ist ein Begriff aus der Innovationsforschung und bezeichnet ein Cluster oder Felder von Innovationsaktivitäten in bestimmten Themenbereichen. Da die zu lösenden Probleme häufig komplex sind, braucht es dazu das Know-how und die Perspektiven ganz unterschiedlicher Personengruppen. Auch Städte oder Quartiere können Innovationsökosysteme bilden, wobei der Fokus auf der gemeinsamen Entwicklung von Stadt- und Straßenräumen liegt, wie bspw. bei Projekten der „genossenschaftlichen Quartiersentwicklung".

Reclaim the Street
ist eine aktivistische Jugendbewegung mit Ursprüngen in den 1990er Jahren. Sie steht für temporäre Besetzungen in Form von Flashmobs oder Sit-ins. Ihr Ziel ist es, Lebensräume – in erster Linie Straßen und Plätze – zurückzuerobern. Das alles dominierende Auto soll verdrängt und die zunehmende Kommerzialisierung öffentlicher Orte verhindert werden.

Segregation von Städten
meint die Entmischung der Bevölkerung entlang von Einkommens- und Bildungsunterschieden, aber auch nach ethnischen, religiösen oder anderen Merkmalen. Wie stark die Segregation ausgeprägt ist, kann als ein Indiz für eine Polarisierung der Gesellschaft mit einem entsprechenden Konfliktpotenzial gesehen werden.

Shared Space
meint eine gemeinsame Nutzung von öffentlichem (Verkehrs-)Raum. Um Shared Spaces – oder auch Begegnungszonen – erfolgreich und auf Dauer zu etablieren, braucht es eine sehr niedrige Pkw-Frequenz, weil ansonsten die faktische Dominanz des Autos alle Appelle und Verhaltensempfehlungen ins Leere laufen lässt.

Soziale Kontrolle
meint nicht nur die technische Überwachung durch Videokameras und Zugangsbarrieren, sondern auch die informelle Kontrolle, die schon durch die Anwesenheit und die Aufmerksamkeit verschiedener Personen im öffentlichen Raum stattfindet. Die Schwelle für unsoziales Verhalten bis hin zu Vandalismus oder körperlicher Gewalt wird so deutlich erhöht.

Verkehrsberuhigung
umfasst verschiedene Interventionen, die die negativen Auswirkungen des motorisierten Verkehrs insbesondere für Zufußgehende und Radfahrende begrenzen. Das passiert vor allem durch Regeln zur Geschwindigkeitsbegrenzung und durch bauliche Hindernisse, die langsames Fahren erzwingen.

LITERATUR
Vordenkende und ihre Werke

Donald Appleyard – Liveable Streets, Berkeley 1981. Der US-amerikanische Urbanist Donald Appleyard sorgte im Jahr 1981 mit einem Buch „Liveable Streets" für Furore. Darin zeigte er empirisch anhand verschiedener Straßen von San Francisco den Zusammenhang von Fahrzeugaufkommen auf den Straßen und der Qualität nachbarschaftlicher Beziehungen auf. Auf dieser Grundlage verfasste er zusammen mit Allan Jacobs das „Toward an Urban Design Manifesto".

Jan Gehl – Städte für Menschen, Berlin: JOVIS 2010. Der dänische Stadtplaner hat über Jahrzehnte das Verhalten von Menschen im öffentlichen Raum beobachtet und Muster erkannt. Man sollte dringend seine Bücher zur Hand nehmen, wenn man Aufenthaltsqualität und urbane Räume der Begegnung schaffen möchte.

Jane Jacobs – Tod und Leben großer amerikanischer Städte, Berlin: Ullstein 1963. Die Stadtplanerin Jane Jacobs betonte in den frühen 1960er Jahren durch ihre Kritik an der modernen amerikanischen Stadtplanung die Bedeutung einer über Jahrzehnte gewachsenen Nachbarschaft.

Die Leipzig-Charta – ein gemeinwohlorientiertes Leitbild zur nachhaltigen Stadtentwicklung. In diesem von einer informellen Runde europäischer Fachminister und Fachministerinnen beschlossenen Leitbild für die integrierte Stadt werden viele Aspekte einer nachhaltigen Stadtentwicklung beschworen, der „Elefant im Raum" – der überbordende Autoverkehr – wird jedoch nicht angegangen.

Janette Sadik-Khan und Seth Solomonow – Streetfight: Handbook for an Urban Revolution, Penguin Books 2017. Im Jahr 2007 trat Janette Sadik-Khan den Posten der obersten Verkehrsplanerin in New York an. Sie trieb den Umbau der Metropole vehement voran. Sie machte das Radfahren in einer Stadt möglich, in der bis dahin nur wagemutige Fahrradkuriere in die Pedale getreten waren.

DIE NUTZUNG DES STADTRAUMS ALS PARKPLATZ IST EIN FUNDAMENTALES MISSVERSTÄNDNIS.

ECHTE FREIHEIT BEGINNT JENSEITS UNSERER PRIVATEN AUTOS. BEFREIEN WIR UNS VON IHNEN!

Die Mobilitätsthese

ES WAR EINMAL EINE GROSSE VISION ...

Die Stadt ist voller Autos, wir kennen es gar nicht anders. Doch das war nicht immer so: Als das Fahrrad und der Schienenverkehr noch die vorherrschenden Verkehrsmittel waren, war die autogerechte Stadt nichts als eine kühne Vorstellung. Ähnlich kühn ist heute die Vision von der befreiten Straße.

„Licht, Luft und Sonne" lautete das Motto fortschrittlicher Architekten und Stadtplanerinnen in den 1930er Jahren. Es betitelt ein entschiedenes Gegenmodell zur Enge und zum Elend, die in der Stadt seit Beginn der Industrialisierung herrschten. So wurde 1933 die Charta von Athen verfasst, deren Ziel es war, unter dem Einsatz moderner Techniken eine räumliche Trennung von Wohnen, Arbeiten und Erholung vorzunehmen. Breite Straßen und das Auto sollten die Verbindung dieser separierten Lebensbereiche ermöglichen. Dies war damals ganz und gar nicht selbstverständlich, denn es besaß kaum jemand ein Automobil. Bis in die 1950er Jahre dominierte die Eisenbahn. Der motorisierte Privatverkehr bestand vor allem aus Zweirädern und Kleinfahrzeugen.

Nach dem Zweiten Weltkrieg wurden die Städte autogerecht gemacht. Das eigene Auto avancierte zum Sehnsuchtsobjekt der aufstrebenden Mittelschicht, und Jahr für Jahr wurden mehr Privatautos zugelassen. Bald schon reichte es nicht mehr aus, mehr und breitere Straßen zu bauen, denn parken mussten die Autos ja auch. Der Platz wurde knapp und knapper. Der Siegeszug des Automobils wurde zum Verhängnis.

Heute spüren und kennen wir die Nebeneffekte der massenhaften Autonutzung – von den klimaschädlichen CO_2-Emissionen über verschiedene gesundheitsschädliche Schadstoffbelastungen bis hin zu Lärm. Das ehemals hell scheinende automobile Freiheitsversprechen ist grau geworden. Das Manifest der freien Straße ist unsere Antwort auf zu viele Autos in der Stadt. Es beruft sich auf das Ziel der Charta von Athen und fordert ebenso: Licht, Luft und Sonne! Aber in jeder einzelnen Straße!

Die Mobilitätsthese

Wie viele Autos gibt es in Deutschland?

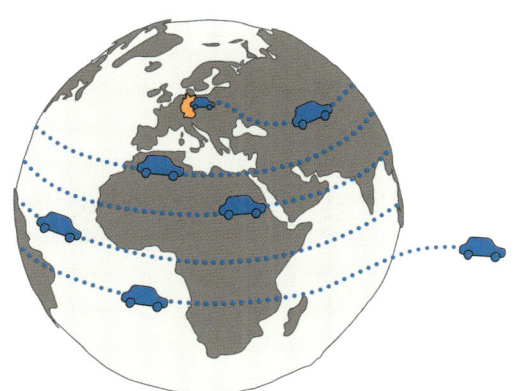

Würden alle 83 Millionen Einwohnerinnen und Einwohner zur gleichen Zeit in den Urlaub fahren, müsste niemand hinten sitzen. Alle fänden bequem auf den Vordersitzen Platz. Denn aktuell sind 48 Millionen Pkw in Deutschland zugelassen – und es werden jährlich mehr.

Übrigens würde sich der Autokorso unserer gemeinsamen Urlaubsfahrt mehr als fünfmal um die Welt erstrecken, und zwar Stoßstange an Stoßstange.

Das Auto: Mehr Stehzeug als Fahrzeug

Ein privates Auto parkt durchschnittlich mehr als 23 Stunden täglich. Die meiste Zeit vor der eigenen Haustür, aber auch am Arbeitsplatz oder beim Einkaufen steht es vor allem herum.

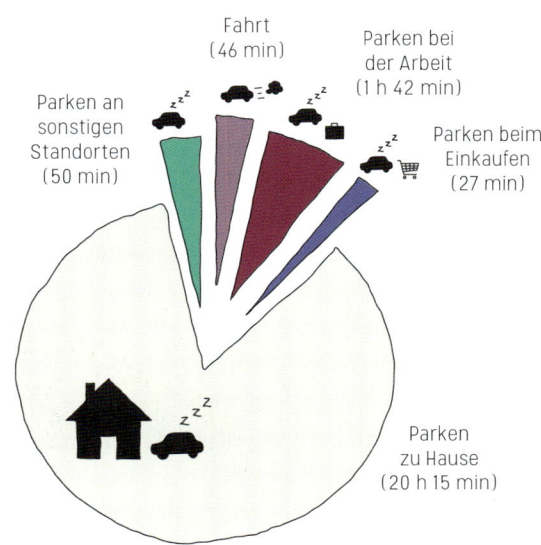

Grafik rechts

Eigene Darstellung nach Nobis & Kuhnimhof 2018.

Wie viel Platz braucht mein Vehikel? Fahrrad, Tram und Auto im Vergleich

Der Flächenverbrauch von Autos im Vergleich zu anderen urbanen Verkehrsmitteln ist enorm. Stehend ist die Flächeneffizienz des Fahrrads elfmal besser als die eines Pkw. Eine Straßenbahn braucht fahrend nur ein Zwölftel so viel Platz wie eine entsprechende Menge von Autos, um die gleiche Personenzahl zu befördern – selbst dann, wenn sie nicht annähernd voll besetzt ist.

Grafik Seite 32

Seit den 1930er Jahren sollten die Funktionen einer Stadt – also Wohnen, Arbeiten und Freizeit – getrennt werden. Auch wenn es dafür gute Gründe gab, war die Folge ein enormer Bedarf an individueller Mobilität mit immer mehr Autos.

Grafik rechts

Eigene Darstellung nach Randelhoff 2014.

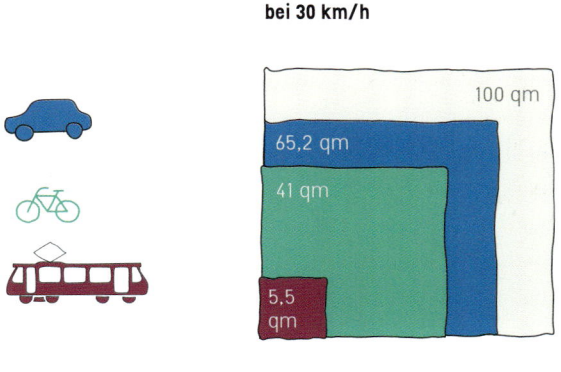
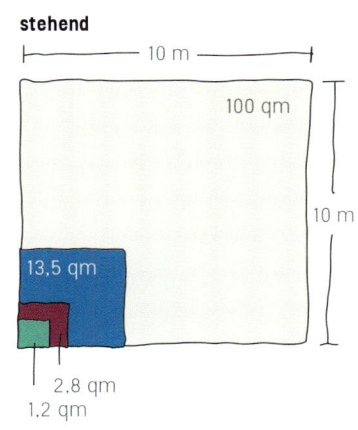

Die Mobilitätsthese

Das Privileg privater Kraftwagen

In Deutschland ist das Abstellen des privaten Autos auf öffentlichem Straßenland Usus. „Schuld" daran ist ein wegweisendes Urteil eines Bremer Gerichts.

Mitte der 1960er Jahre klagte ein Bremer Autobesitzer, dass er das Recht auf einen Platz zum Abstellen seines Autos haben müsse, wenn er doch persönlich dem allgemeinen Ziel der Motorisierung folge. Dafür sei der öffentliche Raum doch da. Er bekam Recht. Vom „Bremer Laternenparker-Urteil" wurde in der Folge der Gemeingebrauch von Verkehrsflächen abgeleitet. Das bedeutet, dass überall dort, wo es nicht explizit anders geregelt ist, das Abstellen eines Pkw am Straßenrand erlaubt ist. So entstand ein einzigartiges Privileg mit krassen Folgen für unsere Städte – unseren Lebensraum.

Bis heute wird die Vormachtstellung des Autos in unseren Städten kaum als das Ergebnis einer bewussten politischen Entscheidung gesehen, sondern als Selbstverständlichkeit wahrgenommen.

Es wird einfach erwartet, einen kostengünstigen oder sogar kotenlosen Abstellplatz für das private Fahrzeug an fast allen denkbaren Zielorten vorzufinden.

In einer reformierten Straßenverkehrsordnung sollte das Parken von privaten Fahrzeugen nach Schweizer Vorbild vom Gemeingebrauch ausgenommen werden. Dann wäre dauerhaftes Parken im öffentlichen Raum nur noch dort möglich, wo es ausdrücklich erlaubt ist. Kommunen würden entscheiden, an welchen Stellen und in welchem Ausmaß wertvoller öffentlicher Raum überhaupt noch für private Pkw zur Verfügung gestellt wird. Die Kosten für die Unterbringung von Autos müssten damit weniger von der Allgemeinheit getragen werden, sondern stärker von jenen, die tatsächlich ein eigenes Auto nutzen.

Eigene Darstellung nach einer Idee von Dirk von Schneidemesser.

Es gibt keinen anderen privaten Gegenstand, der so selbstverständlich im öffentlichen Raum abgestellt wird wie das Auto. Wie wäre es, wenn wir unsere Kühl- oder Küchenschränke auf die Straße stellen würden? Man bräuchte dann nicht mehr in die Küche laufen, wenn man draußen mal hungrig oder durstig ist ...

Die Mobilitätsthese

Das Auto im Kopf

Das Auto ist allgegenwärtig und fest in unseren Köpfen verankert. Nicht nur weil es das Bild der Straße bestimmt, sondern auch unsere Mobilität und dadurch unsere Alltagsroutinen – also unser Leben.

Verkalkuliert: Die Kosten für unsere Automobile sind enorm. Ökonominnen und Ökonomen unterscheiden dabei zwischen internen Kosten (Kosten, die Nutzerinnen und Nutzer selbst tragen) und externen Kosten (Kosten, die die Gesellschaft trägt, wie beispielsweise Infrastruktur- oder Gesundheitskosten).

Interne Kosten:
Lässt man deutsche Autofahrerinnen und -fahrer schätzen, wie viel sie monatlich für ihr Auto ausgeben (interne Kosten), schätzen sie durchschnittlich **204 Euro**. Tatsächlich liegen die Kosten jedoch mit **425 Euro** bei mehr als doppelt so viel.

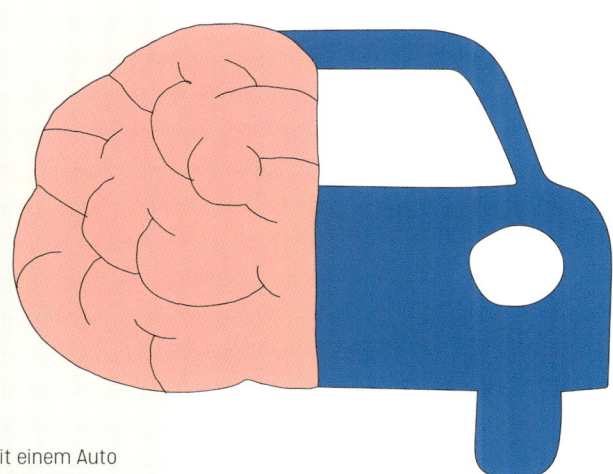

Externe Kosten:
Jeder Kilometer mit einem Auto verursacht **11 Cent** externe Kosten (Infas 2019). Jeder Kilometer zu Fuß spart dagegen **37 Cent** ein (vgl. Gössling et al. 2019).

Pflege und Ausbau des **2.400 Kilometer** langen Berliner Radverkehrsnetzes beispielsweise kostete die Steuerzahlerinnen und Steuerzahler 2021 **32,6 Millionen Euro**, während eine lediglich **7,3 Kilometer** lange Erweiterung der Berliner Stadtautobahn **848 Millionen Euro** kostete (vgl. Neumann 2016). Jeder Radnetzkilometer kostet also nur ein Zehntausendstel eines innerstädtischen Autobahnkilometers.

Ob mit oder ohne Auto, alltägliches Verkehrshandeln basiert auf Routinen. Wir möchten nicht ständig über unsere Wege nachdenken. So ist es einfacher, jeden Tag das Gleiche zu tun. Da das eigene Auto verfügbar ist, wird es genutzt – zumeist ohne überhaupt über Alternativen nachzudenken. So werden viele Wege mit dem Auto gemacht, die schneller und kostengünstiger mit anderen Verkehrsmitteln oder zu Fuß zurückgelegt werden könnten.

Die meisten Mittel- und Großstädte haben passable ÖPNV-Angebote, die viele Autofahrende nicht kennen (oder nicht kennenzulernen bereit sind). Das ist im öffentlichen Nah- und Fernverkehr ganz ähnlich: Die Hälfte der Bundesbürgerinnen und -bürger hat in den letzten zehn Jahren nicht ein einziges Mal einen Zug genutzt. Das Auto im Kopf führt zu Denk- und Handlungsblockaden (vgl. Canzler & Knie 1998, S. 123f.).

Auch wenn Autofahrende um die ÖPNV-Angebote wissen, überschätzen sie oft die Fahrtzeiten ebenso wie die Preise für deren Nutzung. Umgekehrt unterschätzen sie regelmäßig die realen Kosten des eigenen Autobesitzes, und zwar dramatisch: Ein Auto anzuschaffen, zu unterhalten und zu warten, kostet doppelt so viel (also 100 Prozent mehr), als wir meinen (vgl. Andor et al. 2020).

Dabei sind die Kosten, die Autobesitzerinnen und -besitzer selbst tragen, nur ein Teil der tatsächlichen Kosten einer Autogesellschaft (vgl. Andor et al. 2020; Gössling et al. 2022). Zu den Umweltkosten, die nicht nur schwer zu berechnen sind, sondern wie im Fall des Klimawandels auch erst zeitversetzt anfallen, kommen die Kosten des Baus und Unterhalts der Infrastruktur. Diese sind in jedem Fall höher als die Summe aller Steuern und Abgaben, die von den Autofahrenden entrichtet werden. Dabei bringt jeder zu Fuß oder mit dem Fahrrad zurückgelegte Kilometer sogar volkswirtschaftlich gesehen einen Nutzen, weil er Gesundheits- und Umweltkosten vermeidet.

Wie hoch die Kosten sind, die wir als Gesellschaft für den Autoverkehr aufbringen, zeigt auch der Vergleich zwischen den verschiedenen Verkehrsträgern. So geben wir ein Vielfaches für den Bau und den Erhalt der städtischen Autoinfrastruktur im Vergleich zu den Bau- und Unterhaltungskosten für das Zufußgehen und Radfahren aus.

Es ist das Auto in den Köpfen der Nutzerinnen und Nutzer sowie dessen gesellschaftliche Selbstverständlichkeit, die uns in eine tiefe Abhängigkeit geführt haben. Nur so ist zu erklären, dass beispielsweise noch immer Wohngebiete ohne belastbares Mobilitätskonzept ausgewiesen werden. Bis heute wird in Deutschland vielerorts weiterhin so gebaut, dass ein oder zwei Autos je Haushalt als alternativlos betrachtet werden.

Die Mobilitätsthese

Abfahrt Verkehrswende

Nach Jahrzehnten der uneingeschränkten Dominanz des Autos wendet sich nun das Blatt. In vielen deutschen Kommunen setzt sich die Einsicht durch, dass die Verkehrswende kommen muss. Doch wie organisiert man den Übergang? Eine Skizze.

Die Strategie von Verkehrswende-Vorreiterkommunen weist in zwei Richtungen: Zum einen geht es um eine Versorgung auf kurzen Wegen. Alltägliche Waren und Dienstleistungen, aber auch Kindergärten, Schulen und Freizeiteinrichtungen sollen wohnort- bzw. arbeitsortsnah erreichbar sein. Zum anderen sollen einfache und bequeme Angebote für Bürgerinnen und Bürger jenseits des Autos geschaffen werden. Statt das Auto für alle Wege zu nutzen, soll durch geeignete Alternativangebote für den jeweiligen Zweck eine höhere Effizienz erzielt werden.

Mit dem Manifest der freien Straße knüpfen wir an diese Ziele an und erweitern sie um einen entscheidenden Gedanken: Der Raum, der aktuell von stehenden Autos besetzt wird, kann sich in eben jenen Raum verwandeln, der viele Wege (und damit auch das Auto) obsolet macht.

Der Platz wird neu verteilt – das ist mühsam und wird nicht ohne Konflikte gehen. Es braucht zudem Angebote für diejenigen, die auf das Auto angewiesen sind oder es manchmal einfach nutzen möchten. Daher gehören Quartiersgaragen, Lade- und Lieferzonen sowie temporäre Parkplätze, etwa für Handwerker und Pflegekräfte, aber auch Ausnahmeregelungen für Menschen mit Behinderungen dazu.

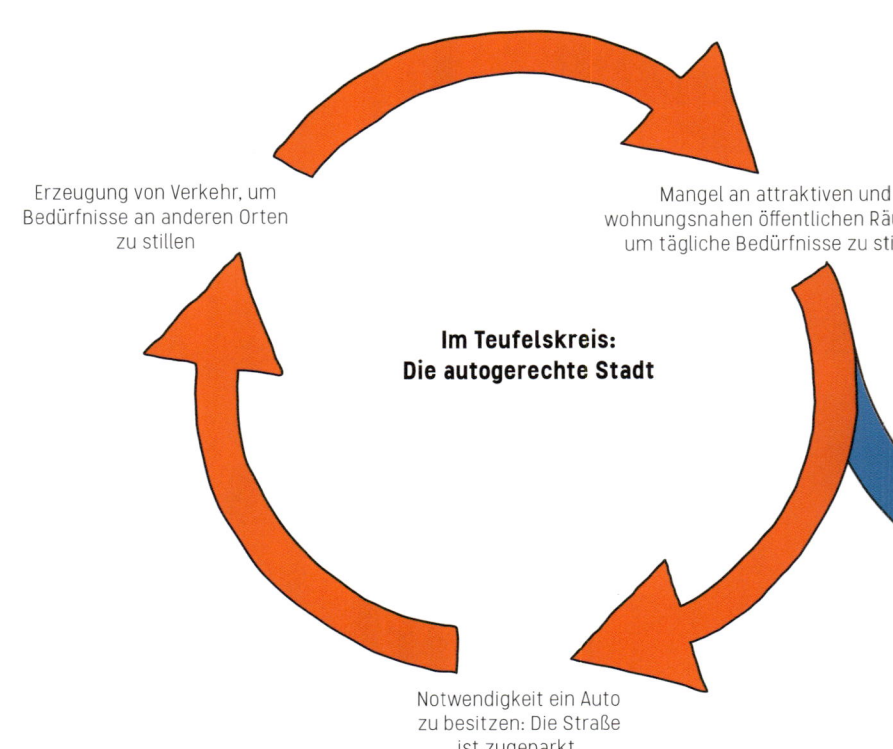

Erzeugung von Verkehr, um Bedürfnisse an anderen Orten zu stillen

Mangel an attraktiven und wohnungsnahen öffentlichen Räu[men] um tägliche Bedürfnisse zu stil[len]

Im Teufelskreis: Die autogerechte Stadt

Notwendigkeit ein Auto zu besitzen: Die Straße ist zugeparkt.

Anreize für ein stadt- und umweltverträgliches Verkehrsverhalten
Derzeit ist die Gesetzgebung – vom Verkehrsrecht bis zum Steuerrecht – noch überaus Pkw-freundlich. Ohne den Abbau der Privilegien des Autos bleiben alle anderen Maßnahmen nur Flickwerk.

- Beendigung des Dienstwagenwesens und der Entfernungspauschale
- Recht auf Homeoffice sowie die besten Computer-Tools für ein Zusammenarbeiten auf Distanz

Ausbau der stadt- und umweltverträglichen Infrastruktur
Alternativen zum privaten Auto müssen attraktiver werden! Sichere, flexible und zuverlässige stadt- und umweltverträgliche Verkehrsinfrastrukturen und -angebote werden dann überzeugen, wenn sie gemeinsam das bessere Auto sind.

- Separierte Wege und Straßen für Fahrräder, gestaltet für eine entspannte und freudvolle Fahrt (u. a. auf ehemaligen Parkplätzen)
- Ausbau des öffentlichen Nahverkehrsnetzes, Taktung und Komfort erhöhen, Preise senken und Mobilitätsgarantien geben
- Ausbau der Sharing-Optionen und -Zonen sowie intermodaler Mobilitätsstationen

Die Mobilitätsthese

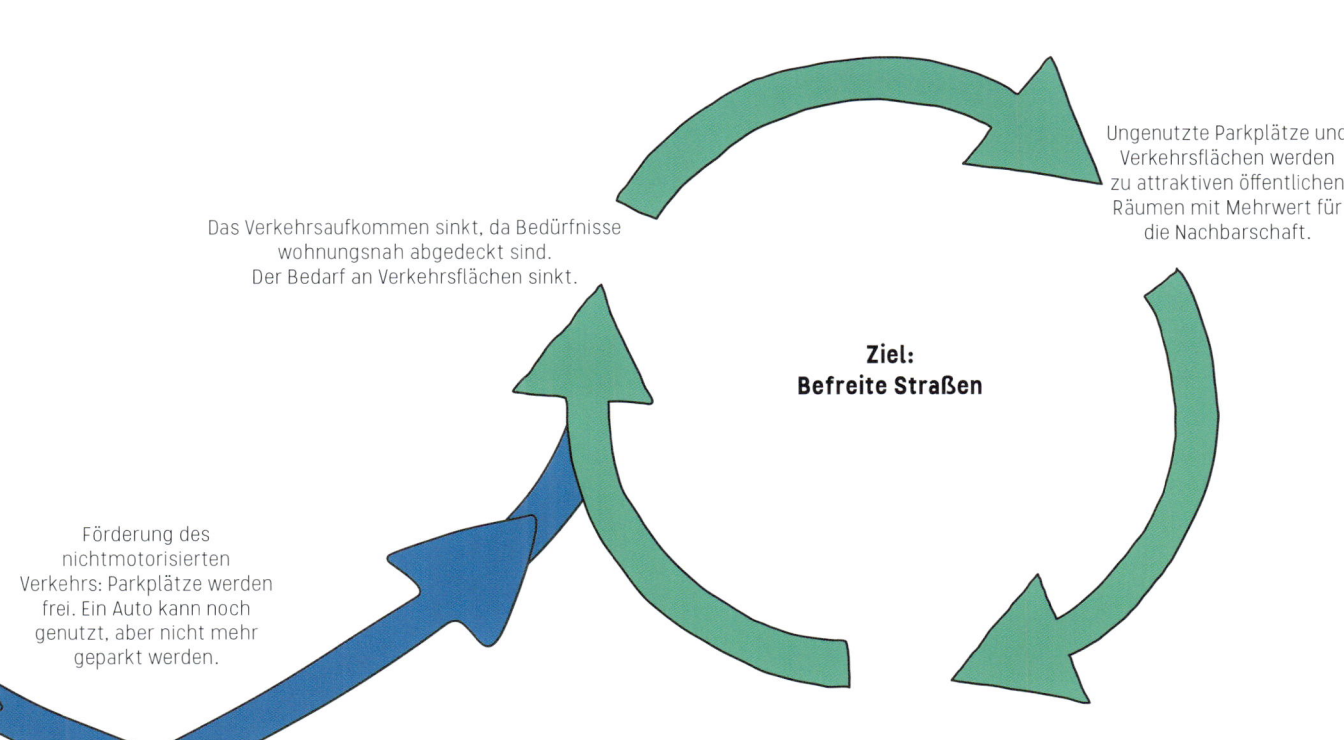

Ungenutzte Parkplätze und Verkehrsflächen werden zu attraktiven öffentlichen Räumen mit Mehrwert für die Nachbarschaft.

Das Verkehrsaufkommen sinkt, da Bedürfnisse wohnungsnah abgedeckt sind. Der Bedarf an Verkehrsflächen sinkt.

Förderung des nichtmotorisierten Verkehrs: Parkplätze werden frei. Ein Auto kann noch genutzt, aber nicht mehr geparkt werden.

Ziel: Befreite Straßen

Verkehrswende: Organisation des Übergangs

Reduzierung des öffentlichen Parkraums
Um dieses Ziel zu erreichen, sind folgende Maßnahmen nötig:

- Gebühren für Parkplätze stark anheben
- Quartiersgaragen ausweisen
- Privilegien des Autos (etwa das Recht, das Auto überall im öffentlichen Raum abstellen zu können, wo es nicht verboten ist) abbauen
- sowie generell Parkplätze umwidmen

Motorisierte Fahrzeuge effizient einsetzen
Wichtige Dienstleistungen werden auch in Zukunft mit motorisierten Fahrzeugen erbracht (bspw. Notfallversorgung, Handwerk, Logistik). Bei gesundheitlichen Einschränkungen und angesichts mangelnder Barrierefreiheit werden manche Personen ebenfalls weiterhin auf ein Auto angewiesen sein oder zu besonderen Anlässen ein Auto nutzen müssen.

- Lade- und Lieferzonen müssen ebenso wie Bring- und Abholpunkte definiert und der Zugang gesichert werden
- Motorisierte Mobility-on-Demand-Angebote müssen möglich sein (künftig mit autonomen Shuttles)
- Bauliche Filter und auch Geofencing (d. h. durch GPS festgelegte Grenzen für Vehikel) helfen, verkehrsberuhigte Zonen zu sichern und Zugänge zu ermöglichen

Die Mobilitätsthese

Multimodal: Für jeden Weg das passende Vehikel

Ein Leben ohne eigenes Auto ist für viele Menschen kaum vorstellbar, obwohl schon heute unsere Mobilitätsbedürfnisse multimodal, d. h. durch die Kombination verschiedener Verkehrsmittel, befriedigt werden können. Pionierinnen und Pioniere zeigen: Es funktioniert. Leider ist die absolute Freiheit in der Verkehrsmittelwahl noch zu teuer. Das muss sich schnell ändern!

Wie wäre es, wenn man immer das passende Verkehrsmittel zur Verfügung hätte? Wie wäre es, wenn man schnell und zuverlässig von einem Verkehrsmittel auf ein anderes umsteigen könnte und das Ausleihen jeglicher Fahrzeuge unkompliziert und auch noch kostengünstig wäre?

Auf befreiten Straßen ist die Kombination unterschiedlicher Mobilitätsangebote einfach und bezahlbar umzusetzen. Je mehr Menschen mitmachen, umso günstiger wird es. Mit Best-Price-Verfahren und Flatrate-Elementen oder auch individuellen Mobilitätsbudgets wird multimodal normal.

7:04 Uhr
Ein paar Schritte aus dem Haus: Jeden Morgen kümmere ich mich ein wenig um unseren Straßengarten.

8:58 Uhr
In ein anderes Quartier: Mit dem kleinen und immer pünktlichen E-Bus in die Firmenzentrale.

Die Mobilitätsthese

06 Uhr
m Kundentermin: Ich hme mir ein Rad, s ist am schnellsten.

13:07 Uhr
Zu meinem Lieblingsimbiss: Ich rolle hungrig mit dem E-Tretroller.

15:11 Uhr
Etwas Schweres ausliefern: Ich nehme mir eins der Lastenräder.

16:02 Uhr
Kinder abholen: Ich fahre mit dem Bus in unser Quartier zurück.

19:38 Uhr
Nach dem Abendessen: Ich verbringe noch etwas Zeit auf der Straße.

Die Mobilitätsthese

MOBILITÄT ALS ECHTE FREIHEIT

Noch bis vor wenigen Jahren durfte man überall rauchen – im Zugabteil, im Restaurant, im Hörsaal. Heute erscheint uns dieser Zustand absurd. Mit den Autos könnte es uns genauso gehen. Ein Szenario.

Ganz konfliktfrei wird der Übergang nicht sein. Wird eine Straße befreit, werden einige Bewohnerinnen und Bewohner ihr Auto in benachbarten Quartieren abstellen. In der Folge kommt es dort zu mehr Verkehr, und die Betroffenen werden sich zu Recht beklagen. Insellösungen funktionieren auf Dauer nicht. Stattdessen bedarf es ständiger Nachjustierungen, und die Befreiung weiterer Straßen muss zügig vorangehen. Dennoch wird es zumindest zeitweise immer Unverständnis, Ärger und auch Proteste geben. Alles andere ist illusorisch.

Auch wird es Unterschiede je nach Siedlungstyp geben. Verdichtete Quartiere und auch ganze Städte kommen gut ohne privaten Autoverkehr aus. In infrastrukturell schlecht angebundenen Einfamilienhaussiedlungen sieht das anders aus. Solange es kein ausreichend gutes multimodales Angebot gibt, werden die Menschen dort auch künftig noch über einen eigenen Pkw verfügen. Natürlich können auch Städterinnen und Städter aus Liebhaberei oder weil sie besondere Strecken fahren (müssen) noch ein privates Fahrzeug besitzen – diese müssen dann aber kostenpflichtig in Stadt- oder Quartiersgaragen am Rande der autofreien Zonen abgestellt werden.

Wenn befreite Straßen kein Einzelfall mehr sind, sondern so selbstverständlich wie rauchfreie Restaurants, wird sich der Bestand an Autos insgesamt drastisch verringern. Ein eigenes Auto wird zur Ausnahme. Braucht man mal eins, sind genügend günstige Sharing-Fahrzeuge in der direkten Umgebung verfügbar.

Ein paar wenige Autos fahren auch noch in den befreiten Straßen – insbesondere geteilte Fahrzeuge sowie routenunabhängige Sammeltaxis und Spezialgefährte für Menschen mit körperlichen Einschränkungen. Rettungs- und Logistikfahrzeuge, aber auch Handwerker, Baufirmen und andere Menschen, die schwere Lasten zu transportieren haben, können ebenfalls in die befreiten Straßen hineinfahren. Allerdings sind sie Gäste – und fahren entsprechend langsam und vorsichtig, um die Gastfreundschaft nicht zu strapazieren.

Der Anteil des Verkehrs jenseits des privaten Autos wächst kräftig; die allermeisten Wege werden mit einem kostengünstigen öffentlichen Nahverkehr, mit E-Rollern und -Rädern, die mit erneuerbarer Energie betrieben werden und sich an den vielen kleinen Mobilitäts-Hubs anmieten lassen, sowie mit Muskelkraft zurückgelegt. Viel mehr Städterinnen und Städter genießen den Weg zu Fuß oder mit dem Fahrrad.

Vor allem für Kinder und ältere Menschen sowie allgemein für diejenigen, die sich früher auf dem Fahrrad unsicher gefühlt haben, beginnt eine neue selbstbestimmte Bewegungsfreiheit. Es gibt jetzt verschiedene durchgängige Verkehrsnetze: von breiten Schnellrouten für E-Bikes, Schnellradlerinnen und große Lastenfahrräder bis zu abwechslungsreichen und sicheren Routen für Fahrradflaneure und Radfahranfängerinnen.

Die Mobilitätsthese

Im Rückblick werden wir staunen, wie normal es innerhalb kürzester Zeit geworden sein wird, dass unsere Straßen nicht mehr mit unzähligen Blechkisten vollgestellt sind. Das liegt wohl vor allem daran, dass sich unser alltägliches Erleben von Straße und Stadt geändert haben wird.

Den Raum in den Straßen nutzen die Anwohnerinnen und Anwohner jetzt für mehr Grün, für lokales Wirtschaften und für ihr Miteinander im direkten Wohn- und Arbeitsumfeld. Viele weite tägliche Wege sind dadurch unnötig geworden. Das trägt zum Klimaschutz bei und auch zu einem Leben in der Stadt, in der mehr Menschen von einer hohen Lebensqualität profitieren. Weil alle etwas davon haben, werden auch diejenigen leiser, die sich anfangs teils vehement gegen die Befreiung der Straße gewehrt haben. Im Grunde wird niemand mehr diese neue Freiheit missen möchten.

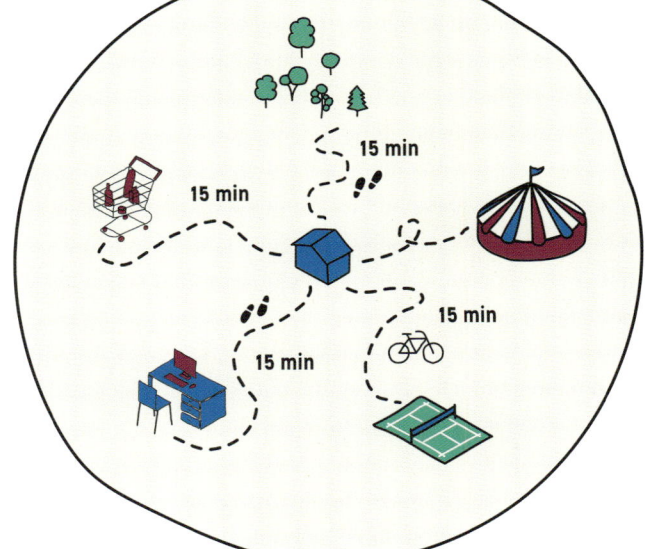

Das zeitgenössische Leitbild der Stadtplanung und -entwicklung zielt auf die „Stadt der kurzen Wege" ab. Gemeint ist damit, dass alle Funktionen einer Stadt innerhalb von maximal 15 Fuß- oder Fahrradminuten erreicht werden können.

Intelligente Verkehrsanlagen

In einer stadt- und umweltverträglichen
Infrastruktur werden der Verkehrsfluss und die
Sicherheit größtenteils über das Fahrbahndesign
sowie über das Vertrauen in die menschliche
Begegnung auf Augenhöhe geregelt. Viele der
Verkehrsanlagen der autozentrierten Stadt
entfallen bei der Verlagerung des Verkehrs.
Wo dennoch Lichtsignalanlagen notwendig
sind, funktionieren diese intelligent, indem
sie die schwächsten Verkehrsteilnehmenden
grundsätzlich bevorzugen und auch
Witterungsverhältnisse berücksichtigen.
Die Signalschaltung wird interaktiver,
kommunikativer und dadurch planbarer bzw.
ressourcensparender.

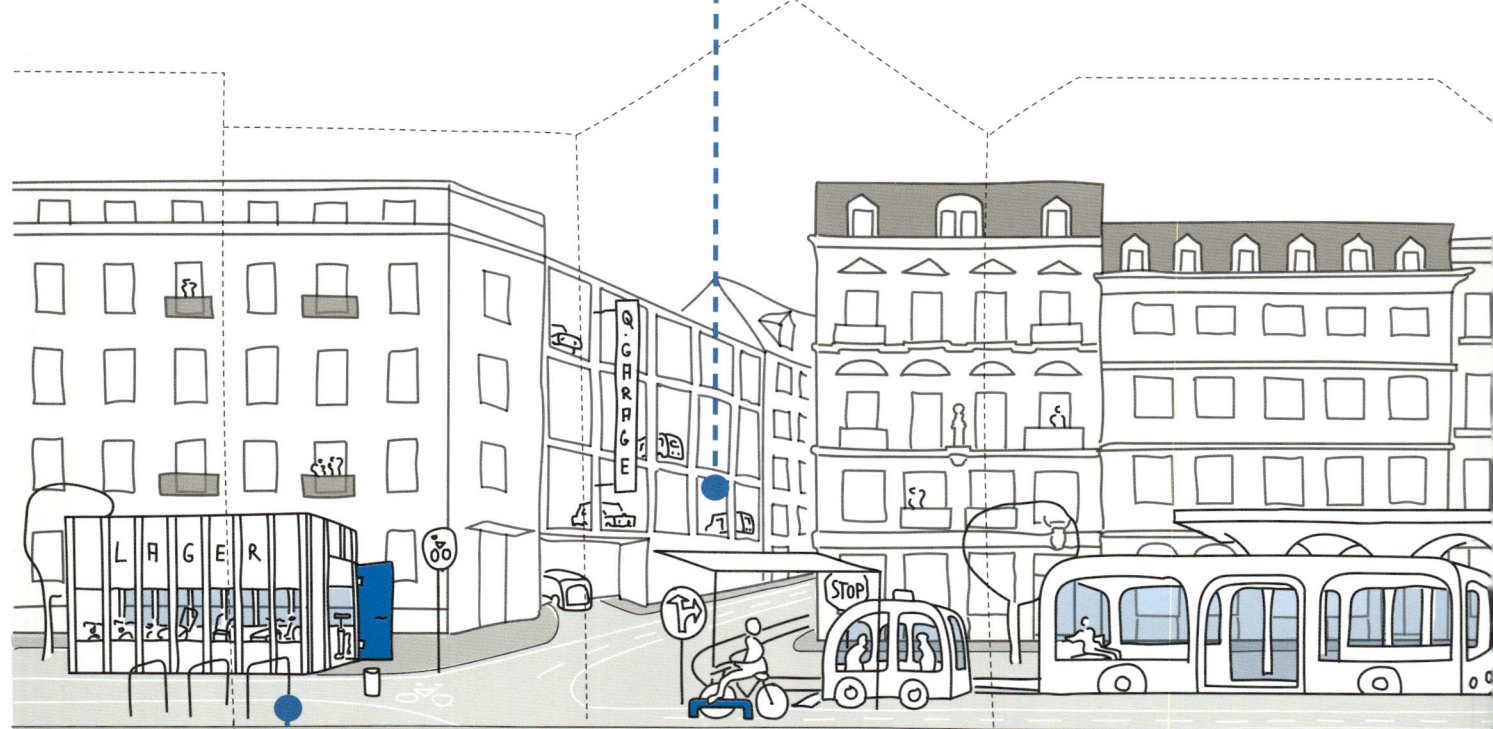

Straßengaragen

Sichere, trockene und saubere Abstellanlagen
für private Vehikel – vom Lastenrad über den
Fahrradanhänger bis hin zum Kinderwagen oder
Rollator – werden kostenlos von der Kommune
bereitgestellt und gepflegt.

Attraktive Fußwege
Die Quartiere tun alles dafür, dass Menschen gerne zu Fuß gehen. Die Fußwege sind abwechslungsreich gestaltet, bieten Schutz vor Wind und Sonne und erlauben ein angenehmes Gehen. Immer wieder laden Plätze zum Verweilen ein. Barrierefreie Wege mit Bodenmarkierungen für Sehbehinderte und Fußgängerinnen und Fußgängern vorbehaltene Abkürzungen steigern die Attraktivität des Wegenetzes. Gute, energieeffiziente und auf Bewegung reagierende bedarfsgerechte Straßenbeleuchtungssysteme erhöhen darüber hinaus das Sicherheitsgefühl auch in der Nacht.

Smarte Haltestellen
Die Haltestellen der Zukunft sind Drehkreuze der intermodalen Mobilität. Als komfortable und leistungsstarke Umsteigeplattformen nehmen sie eine Knotenpunktfunktion für die umliegenden Häuser ein. Neben Leihvehikeln (Fahrradleihsysteme, E-Bikes, E-Scooter, E-Vespas, Cargo Bikes, Handwagen und E-Autos) beherbergen sie auch Mikro-Logistik-Hubs, an denen die Nachbarschaft ihre Pakete entgegennimmt. Die Haltestellen bieten Schutz, angenehmen Aufenthalt und smarte Technik, die die Nutzung des intermodalen Verkehrs zu einem freudvollen Erlebnis machen.

Intermodale Infrastruktur
Eine solche Infrastruktur bedeutet Komfort für Fahrradfahrende in vielerlei Hinsicht. Kreuzungen sind mit komfortablen Haltebereichen ausgestattet. Das Laden der E-Vehikel ist kostenlos möglich, und digitale Leihplattformen bündeln verschiedene Angebote auf einfachste Weise.

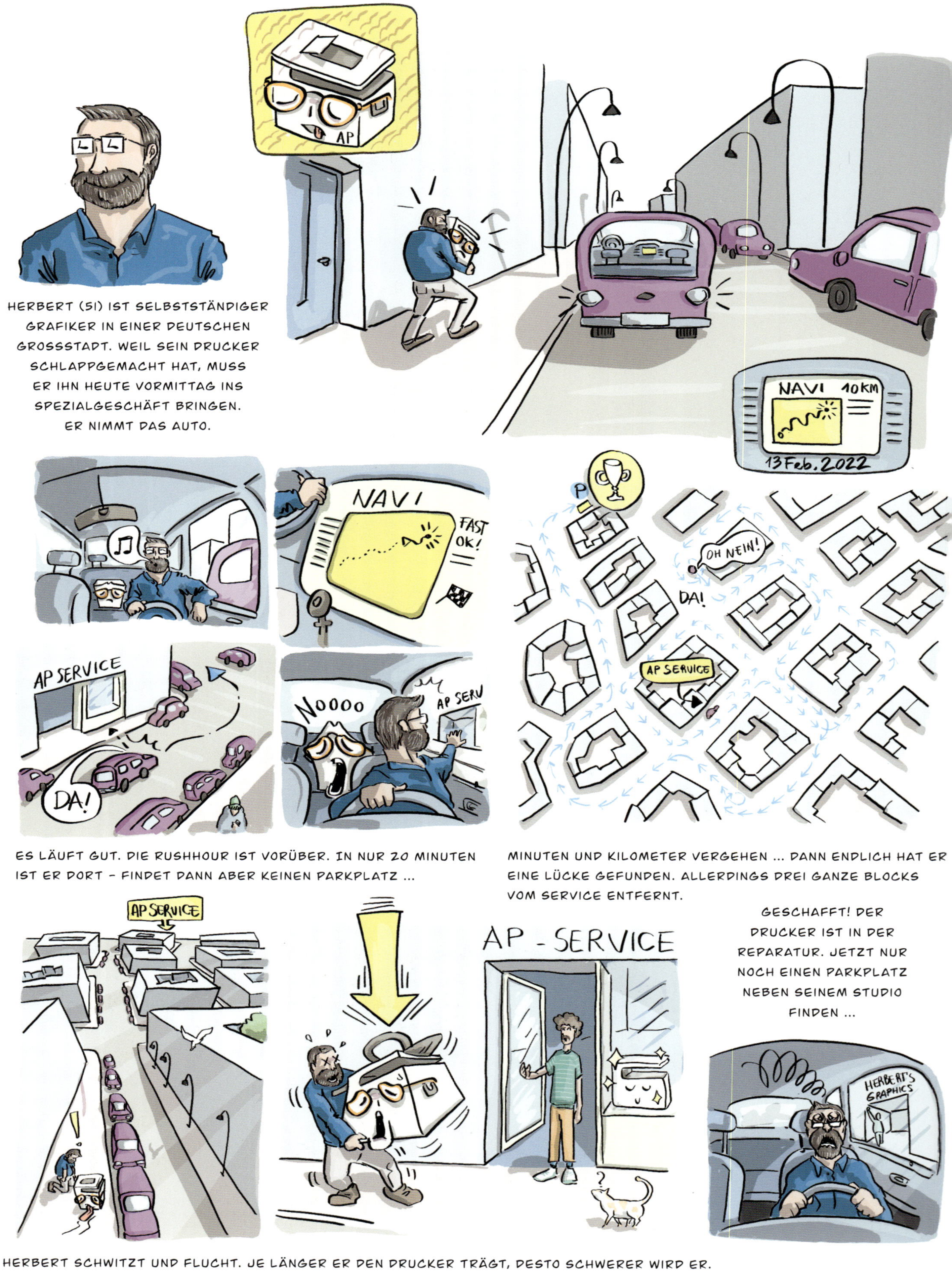

ZEHN JAHRE SPÄTER STREIKT DER DRUCKER ERNEUT. HERBERT HAT LÄNGST KEIN AUTO MEHR UND BUCHT SICH STATTDESSEN EINE KLEINE E-RIKSCHA FÜR DEN WEG ZUR REPARATUR.

GEDACHT FÜR ALLE, DIE ETWAS SCHWERES ZU TRANSPORTIEREN HABEN, STEHEN SIE AN VIELEN STATIONEN IN DER GANZEN STADT.

FÜR DIE LETZTEN METER BIS ZUM SERVICE NIMMT HERBERT DANN NOCH EINEN DER VERFÜGBAREN HANDKARREN.

DAS NEUE MOBILITÄTSSYSTEM IST ENTSPANNT UND MACHT SPASS.

UND ES IST EINFACH. FÜR ALLE WEGE – AUCH FÜR DIE RÜCKFAHRT IN DER TRAM – BRAUCHT MAN NUR EINE EINZIGE APP.

GLOSSAR

Weiterführende Fachbegriffe

15-Minuten-Stadt
Orte des Alltags (Supermarkt, Arztpraxis, Arbeit, Schule und Freizeitorte) können innerhalb von 15 Minuten mit dem Fahrrad oder zu Fuß erreicht werden.

365-Euro-Ticket
Ein ÖPNV-Ticket, das einen Euro pro Tag kostet und zum uneingeschränkten Fahren in einem hinreichend großen Gebiet berechtigt. In Wien wurde dieses Modell 2012 eingeführt. Mittlerweile gibt es in Wien mehr Jahreskartenbesitzerinnen und -besitzer als angemeldete Pkw.

Barrierefreiheit
Zum einen die Möglichkeit, dass auch Menschen mit Behinderung die Verkehrsangebote einschließlich des Umstiegs zwischen verschiedenen Verkehrsmitteln eigenständig und ohne Umwege nutzen können. Zum anderen der günstige und technisch einfache Zugang zu digitalen Informations- und Buchungsoptionen im Verkehr.

Bus-Rapid-Transit/Schnellbus
Buslinien auf eigenen Trassen bzw. Fahrstreifen, auf denen nicht alle Haltestellen, sondern nur zentrale Knotenpunkte bedient werden.

Flächengerechtigkeit
Die Flächenaufteilung im Verkehr kommt bisher vor allem dem fahrenden und parkenden Auto zugute. Im ersten Schritt sollte die Verkehrsfläche auf alle Verkehrsmittel nach ihren Wegeanteilen umverteilt werden. Im zweiten Schritt wird mehr Platz für verschiedene Aufenthaltszwecke zulasten des Verkehrs geschaffen.

Mobilitäts-Hubs
Stationen, an denen z. B. von der Straßen- oder U-Bahn auf Mieträder, Elektroroller oder Carsharing-Fahrzeuge verschiedener Anbieter umgestiegen werden kann. Diese Anschlussmobilität für die erste und letzte Meile wird vor allem über appbasierte Reservierungen und Buchungen ermöglicht.

Mobility as a Service (MaaS)
Angebote aus einem Guss, die eine digital gestützte Kombination verschiedener Mobilitätsdienstleistungen umfassen. Das schließt idealerweise einheitliche Nutzungsoberflächen, ein integriertes Ticketing und eine Mobilitätsgarantie mit ein.

On-Demand-Mobilität
Bedarfsorientierte Angebote, die auf Aufforderung, also auf telefonische Bestellung oder per Online-Buchung, zur Verfügung stehen. Jenseits starrer Fahrpläne erlauben Rufbusse, das klassische Taxi oder appbasierte Fahrdienste wie Uber eine hohe Flexibilität.

Shared Mobility
Alle Formen der gemeinschaftlichen Nutzung von Verkehrsmitteln, angefangen bei klassischen Bussen und Bahnen über Individualverkehrsmittel wie Rad, Scooter oder Roller bis hin zu kollektiv oder seriell genutzten motorisierten Fahrzeugen.

Walkability
Die Eignung eines Ortes, sich darin zu Fuß fortzubewegen. Straßen und öffentliche Räume müssen dafür sicher, barrierearm, abwechslungsreich und nicht lärmbelastet sein. Zudem muss es Spaß machen, sich dort zu bewegen und aufzuhalten. Das setzt auch eine ausreichende Beleuchtung, Möglichkeiten zum Ausruhen und Verweilen sowie eine einladende Vegetation voraus.

LITERATUR
Vordenkende und ihre Werke

BBC Radio 4 – New Year Solutions, Can we break our addiction to the car? (Podcast: 14 Minuten, Englisch). Viele spannende Fakten in lockerer Erzählung über unsere „Spezies" der Autofahrenden. Wer wusste beispielsweise, dass wer täglich mehr als drei Stunden pendelt, eine doppelt so hohe Gefahr läuft, geschieden zu werden?

Jan Böhmermann und das ZDF Magazin Royale – Sendung vom 17.09.2021, „Auto first, Mensch second". In einer Sendung arbeitet das Redaktionsteam des ZDF Magazin Royale gekonnt die Absurdität der Privilegien des Autos im deutschen Stadt- und Straßenraum aus und endet mit einem musikalischen Beitrag und der Frage: „Warum hört der Fahrradweg einfach hier auf?"

Weert Canzler und Andreas Knie – Das Ende des Automobils. Fakten und Trends zum Umbau der Autogesellschaft, Karlsruhe: C. F. Müller 1994. Die beiden Mobilitätsforscher Weert Canzler und Andreas Knie beschäftigen sich seit Mitte der 1990er Jahre mit Alternativen zum privaten Auto. Sie konstatieren schon früh eine Krise der „Rennreiselimousine" und plädieren zugleich für mehr Flexibilität und individuelle Nutzungsoptionen im öffentlichen Verkehr. Sharing-Angebote sind dafür eine vielversprechende Option (vgl. auch: Canzler, Knie 1998) – nicht zuletzt, weil die gesellschaftliche Bedeutung des Autos bröckelt (vgl. Canzler et al. 2018).

Katja Diehl – Autokorrektur. Mobilität für eine lebenswerte Welt, S. Fischer 2022. Eine Mobilität ohne eigenes Auto für alle fordert die langjährige Managerin und Influencerin Katja Diehl in der Mobilitätswirtschaft. Das ist nur mit einem konsequenten Abbau der Privilegien des Autos möglich.

Jason Henderson und Natalie Marie Gulsrud – Street Fights in Copenhagen, Taylor and Francis 2019. Der Geograf und Aktivist Henderson forscht zur „Politik der Mobilität" und hat dabei insbesondere den Wechsel des vorherrschenden Verkehrsmittels vom Auto zum Rad in einigen europäischen Kommunen im Blick.

Hermann Knoflacher – Zurück zur Mobilität! Anstöße zum Umdenken, Ueberreuter Verlag 2013. Der österreichische Verkehrsplaner Knoflacher hat den Platzbedarf von Automobilen mit seinem Gehzeug illustriert. Mit einem tragbaren Holzgerüst mit den Abmaßen eines Autos kann ein*e Jede*r auf der Straße gehen und beansprucht gut sichtbar den gleichen Platz.

Umweltbundesamt – Verkehrswende für ALLE: So erreichen wir eine sozial gerechtere und umweltverträglichere Mobilität, Dessau 2020. Faktenreich und beharrlich weist das Umweltbundesamt auf die notwendigen Weichenstellungen für eine Verkehrswende hin. Dazu gehört nicht nur eine schnelle Elektrifizierung des Antriebs, sondern auch eine signifikante Reduktion der Anzahl der Fahrzeuge. Ein konkretes Ziel wird genannt: 150 Autos je 1000 Einwohnerinnen und Einwohner – derzeit sind es fast 600.

BEFREITE STRASSEN SIND LEBENSADERN DES FORTSCHRITTS.

SIE VERSORGEN UNS ZUVERLÄSSIG UND SCHAFFEN NEUE RÄUME FÜR KREATIVITÄT UND INNOVATION.

Die Wirtschaftsthese

DIE RECHNUNG OHNE DEN WIRT

Seit 1970 hat sich der weltweite jährliche Rohstoffabbau mehr als verdreifacht. Und auch wenn wir in Deutschland nur wenige Rohstoffe selbst abbauen, tragen wir mit unserem Rohstoffverbrauch zum weltweiten Raubbau an der Natur bei. Deutschlands durchschnittlicher CO_2-Fußabdruck ist mehr als zehnmal größer als der ärmerer Länder, etwa Ostafrikas. Gleichzeitig gibt es Entwicklungen, die Hoffnung machen. Durch befreite Straßen können wir fortschrittliche Ideen der Stadtentwicklung forcieren und zum Innovationstreiber werden.

Die befreite Straße steht für Multifunktionalität, angepasst an eine integrierte und nachhaltige Stadtentwicklungspolitik. Dazu gehört die Reintegration von Produktionsstätten und die Möglichkeit der Existenzversorgung mit Dienstleistungen und Waren in unmittelbarer Wohnnähe. Nur so können Wege verkürzt und Quartiere und ihre Straßen wiederbelebt werden. Gleichzeitig wird dem demografischen Wandel durch ein enges Versorgungsnetz begegnet.

Die befreite Straße entlastet auch den Wirtschaftsverkehr, der sich im Bereich der Anlieferungen durch immer mehr individualisierte globale Warenströme verstärkt. Durch die Umwidmung von Straßenparkplätzen können Infrastrukturen für eine nachhaltige CO_2-arme Lieferlogistik entstehen.

Modernisierte Produktionsprozesse und Technologien ermöglichen eine schonendere industrielle Fertigung. Gleichzeitig werden durch die Wiederbelebung der urbanen Produktion mehr Waren lokal hergestellt und neue Wertschöpfungsketten geschaffen. In der postautomobilen Stadt wird auch neues Wohnen an befreiten Straßen möglich: Von Tiny Houses bis zu Senioren-WGs in vormaligen Gewerberäumen ist vieles denkbar, was derzeit aufgrund von Platzmangel und Lärm kaum in Betracht kommt.

© Alexandre Gonçalves da Rocha/pixabay.com

Die Wirtschaftsthese

Die Wirtschaftsthese

Urbane Produktion: Zurück in die Zukunft

Digitalisierung und innovative Produktionsverfahren machen es möglich, und unser verschwenderisches Konsumverhalten fordert es moralisch: Produktion und Gewerbe müssen zurück ins Sichtfeld – zurück in die Stadt. Das würde uns für den Wert von Dingen sensibilisieren und viele Wege einsparen.

Einige Vorreiterunternehmen wie der Schokowaffelhersteller Manner aus Wien produzieren schon heute bewusst im Stadtgebiet statt auf der grünen Wiese. Dies ist laut dem Architekturhistoriker Wolfgang Sonne für viele Unternehmen möglich: „Fast alles, was heute noch autogerecht ins monofunktionale Gewerbegebiet verbannt wird, könnte im Hof stattfinden" (Sonne 2020, S. 57).

In Deutschland steht die Wiederansiedlung von produzierendem Gewerbe bislang noch zu selten auf der wirtschafts- und stadtentwicklungspolitischen Agenda, obwohl klar ist, dass „urbane Produktion grundsätzlich die Möglichkeit [bietet], neue lokale Wertschöpfungsketten in Gang zu bringen, eine Vielfalt von Arbeitsplätzen in der Stadt zu schaffen bzw. zu erhalten, leerstehende Ladenlokale mit neuen Nutzungen zu füllen und mithilfe technologischer Neuerungen vernetzter und verträglicher zu produzieren" (Brandt et al. 2017, S. 27; vgl. auch Petschow et al. 2014).

Als Grundlage für eine solche Entwicklung sehen Wirtschaftsforscherinnen und -forscher „neue (gemeinschaftliche) Formen des Arbeitens und Netzwerkstrukturen" (Brandt et al. 2017, S. 27) – also eine zukünftige Quartiersgesellschaft, die sich bilden kann, wo Menschen attraktive Orte im Stadtraum gemeinsam zur Verfügung stehen.

Die Verkehrswende ist nicht nur Voraussetzung für mehr Produktion in der Stadt, sie ist auch deren Nutznießerin. Produktive Quartiere und Straßen verkürzen viele Arbeitswege. „Je länger die Wege, desto höher der Anteil motorisierter Verkehrsmittel. Und umgekehrt: Je mehr Angebote es in Quartiersdistanz gibt, desto mehr Kurz- statt Langstreckenverkehr gibt es und desto mehr Rad- und vor allem Fußverkehr" (Stimpel 2020, S. 79).

Es ist unabdingbar, dass Städte bessere Wege finden, mit den Belastungen umzugehen, die durch den Konsum und die Lebensweise ihrer Bewohnerinnen und Bewohner erzeugt werden – auch wenn nicht alles direkt vor Ort produziert und entsorgt werden kann und weiterhin Verfügbarkeit, Mengeneffekte und komparative Kostenvorteile berücksichtigt werden sollten (vgl. Gärtner et al. 2021). Doch „die Verdrängung der ressourcen- und emissionsintensiven Industrien zugunsten der städtischen Blaupausen- oder Kulturökonomie beraubt uns auch ihrer Wahrnehmung. Wenn wir sehen, hören und riechen, wie z. B. Kleidung produziert wird, fragen wir diese vielleicht in Zukunft weniger nach und lassen sie dann häufiger vor Ort reparieren, anstatt sie zu entsorgen" (ebd., S. 10). Das gilt auch für die Nahrungsmittelproduktion. Eine vollständige Selbstversorgung von Städten und Quartieren kann wegen der Knappheit an verfügbaren Flächen schwer gelingen. Daher sind urbane Zentren stets auf die

Die Wirtschaftsthese

Eine zukunftsweisende Wirtschaftspolitik muss mit urbanen Ressourcen klug haushalten und dezentrale Wirtschaftsstrukturen schaffen. Ein Beispiel dafür ist das Konzept zur Morgenfarm, welches vorsieht, das Autobahn-Neubauprojekt A100 in Berlin in eine die Stadt versorgende vertikale Farm umzuwandeln.

umgebenden Regionen angewiesen, wie Untersuchungen zu Städten wie Berlin und Hamburg zeigen (vgl. Hönle et al. 2016; Joseph et al. 2019; Wunder 2019). Es gibt jedoch auch innerstädtisch bereits vielfältige Initiativen und Projekte, die alte Industrie- oder Brachflächen oder auch kleine Freiräume nutzen und das Potenzial urbaner Landwirtschaft deutlich machen.

So bieten die Berliner Prinzessinnengärten oder die essbare Stadt in Kassel und Andernach der Stadtgesellschaft Möglichkeiten zum Mitmachen beim Gärtnern und Ernten. Die StadtFarm in Berlin nutzt das Verfahren der Aquaponik, mit dem Fische, Kräuter und Gemüse in einem nachhaltigen und ressourcenschonenden Kreislauf regional produziert und vermarktet werden können.

Die Wirtschaftsthese

Von der Erledigung zum Erlebnis

Früher ging man zum Einkaufen in die Geschäfte, mittlerweile haben Kundinnen und Kunden die Wahl – und entscheiden sich immer häufiger für den Online-Einkauf. Hat der Einzelhandel etwas falsch gemacht? Sicher ist, dass die Attraktivität des Stadtraums sowie die darin möglichen Begegnungen Argumente für das Einkaufen vor Ort sein könnten – derzeit aber greift dieser Faktor oft nicht.

Einkaufsstraßen mit einer Vielzahl an Geschäften und Cafés profitieren von mehr Rad- und weniger motorisiertem Individualverkehr. Allerdings sehen das viele Gewerbetreibende und vor allem ihre Interessensorganisationen oft nicht so. Sie überschätzen gerne, wie viele ihrer Kundinnen und Kunden mit dem Auto anreisen. Umgekehrt gilt für die Mobilität im öffentlichem Nah-, Fuß- und Radverkehr, dass sie von den Gewerbetreibenden stark unterschätzt wird. 2021 wurde für zwei innerstädtische Einkaufsstraßen in Berlin belegt, dass Autofahrerinnen und Autofahrer nur knapp neun Prozent des Gesamtumsatzes einbringen, wohingegen Fußgängerinnen, Nutzer des öffentlichen Nahverkehrs und Radfahrerinnen die restlichen 91 Prozent garantieren (vgl. von Schneidemesser & Betzien 2021). Außerdem überschätzen sie die Distanz, die ihre Kundinnen und Kunden zurücklegen. Die befragten Gewerbetreibenden nahmen an, dass nur 13 Prozent der Kundschaft aus einem Umkreis von maximal einem Kilometer in ihr Geschäft kommen, in Wirklichkeit waren es jedoch mehr als 50 Prozent (vgl. ebd.).

Der Stadtraum gewinnt ohne Autos an Aufenthaltsqualität, und man verbringt dort lieber Zeit. Eine Studie aus Madrid belegt sogar, dass die starken Einschränkungen für den motorisierten Verkehr in der Gran Vía, Madrids Haupteinkaufsstraße, zu einem Anstieg der Umsätze um 9,5 Prozent führten (Reid 2019). Ähnliche Erfahrungen wurden in Oslo, London, New York, Groningen und Kopenhagen gemacht, nachdem dort Einschränkungen für den Autoverkehr vorgenommen worden waren.

Geht es um Versorgung, dürfen Stadtquartiere eine zentrale Entwicklung nicht außer Acht lassen: Unsere Gesellschaft wird in den kommenden Jahren und Jahrzehnten älter. Das bedeutet, dass viele Menschen weder mit dem Auto noch mit dem Fahrrad lange Distanzen überwinden wollen und können werden. Lieferdienste könnten hier Abhilfe schaffen, ebenso wie eine seniorenfreundliche und attraktive wohnortnahe Versorgung. Interessant sind auch flexible Mobilitätskonzepte für ältere Menschen im Sinne von Mitfahrgelegenheiten, die älteren Menschen mehr soziale Teilhabe durch mehr Mobilität ermöglichen. Diese werden wir in Zukunft brauchen, da sie die Lebensqualität der (älteren) Bürgerinnen und Bürger deutlich steigern können.

Die größten Vorteile des stationären Einzelhandels gegenüber dem Onlinehandel liegen darin, dass er Menschen soziale Interaktionen ermöglicht und angesichts der lokalen Verortung Kooperationen mit regionalen Produzenten leichter zu realisieren sind.

Die Wirtschaftsthese

In Brooklyn in New York gibt es bereits seit vielen Jahrzehnten einen Lebensmittelladen, der die beschriebenen Stärken konsequent ausspielt und weltweit immer mehr Nachahmer findet: Die Rede ist von der Park Slope Food Coop, eine von Anwohnerinnen und Anwohnern initiierte und gemeinschaftlich betriebene Supermarkt-Kooperative, die verpackungsarme und überwiegend regionale Erzeugnisse verkauft. Diese Idee eines kooperativen genossenschaftlichen Supermarkts stößt auch in Deutschland auf Interesse und wird bereits in Berlin, München und Hamburg umgesetzt. Zudem gibt es Versuche moderner regionaler Netzwerke, die nachhaltige und lokale Alternativen zum klassischen Supermarkt bieten; beispielsweise die Marktschwärmer-Initiative, die digitale Bestellungen und regionale Produktion verknüpft.

Die Wirtschaftsthese

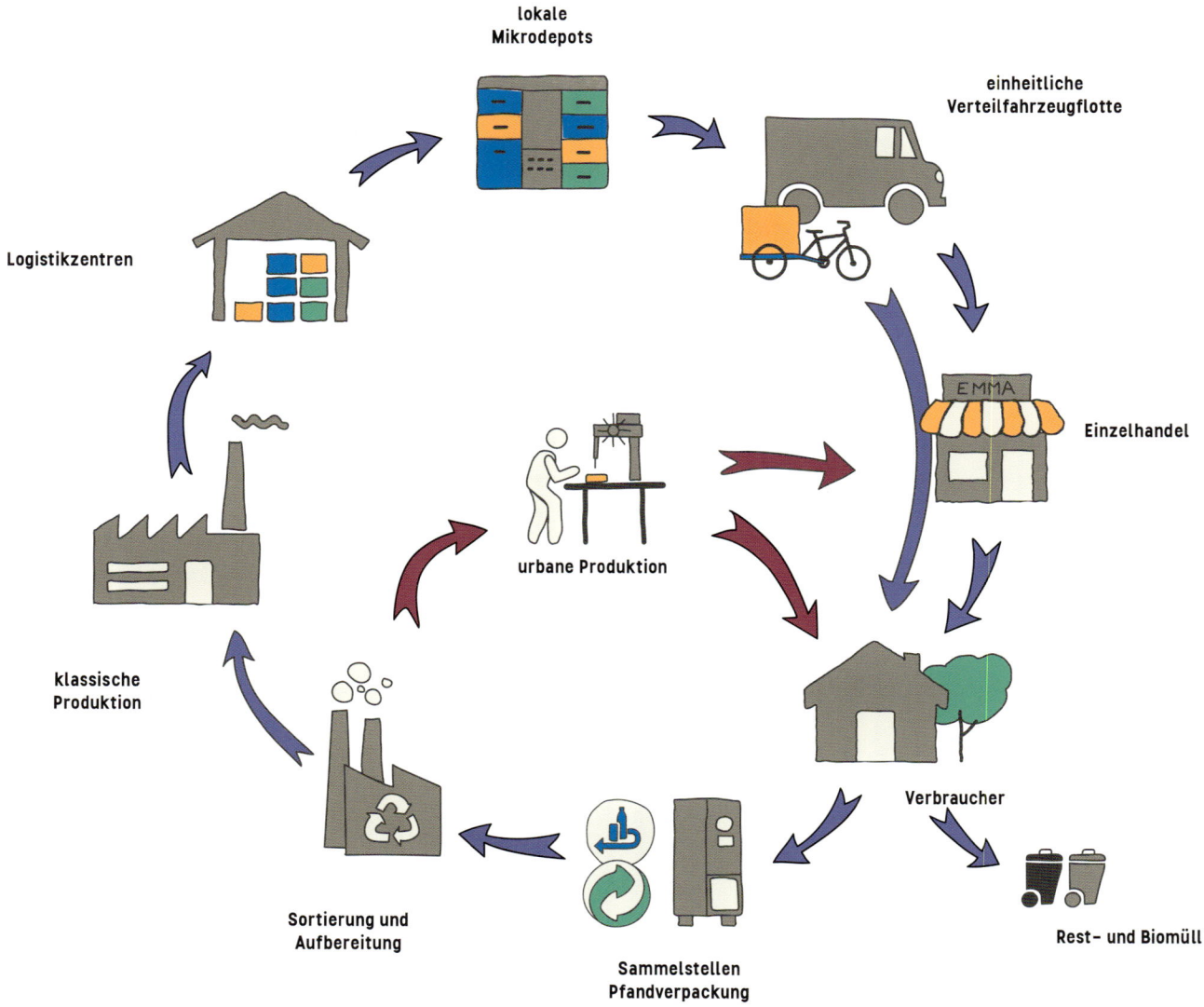

Die Wirtschaftsthese

Synergien erkennen

Es begann mit dem Ende des Post-Monopols in den 1990er Jahren und dauert bis heute an – die gesamte Logistikbranche hat sich in den vergangenen 25 Jahren extrem gewandelt. Mittlerweile ist es normal, dass täglich fünf bis zehn Lieferfahrzeuge eine durchschnittliche Stadtstraße anfahren. Da lässt sich viel mehr bündeln. Wenn wir Straßen befreien, werden alle Bereiche, die wir für unsere Grundversorgung brauchen, deutlich profitieren, da der notwendige Verkehr viel besser fließen kann.

Eine zuverlässige Ver- und Entsorgung ist unverzichtbar, und durch die starke Reduzierung des privaten Individualverkehrs könnte es genügend Platz auch für Lieferfahrzeuge – vom Paketdienst über den Pizzaservice bis zur Müllabfuhr – geben.

Unter Gesichtspunkten der Ökologie, Wirtschaftlichkeit und Lebensqualität sollten die Gesetzgebenden allerdings noch einen Schritt weitergehen und die Chancen nutzen, die die Digitalisierung mit der Vernetzung verschiedener Verkehrsmittel bereithält. Die Regulierung sollte so aussehen, dass es Lieferungen künftig nur noch gebündelt geben kann. Fahrzeuge könnten sowohl bei der Anlieferung als auch bei der Abholung und Entsorgung maximal ausgelastet und dadurch höchst effektiv betrieben werden. Voraussetzung hierfür sind gemeinsame Mikrohubs in der Stadt mit einer umfassenden Logistik sowie kleinen und leisen Fahrzeugen wie Lastenrädern und E-Transportern. Außerdem sollten für den Onlinehandel normierte und wiederverwendbare Verpackungsmaterialien in Form eines Pfandsystems vorgeschrieben werden, um den enormen Verpackungsmüll zu reduzieren – denn seit 1996 ist im Distanzhandel eine Verbrauchssteigerung von Papier, Pappe und Kartonage um mehr als 600 Prozent zu verzeichnen (vgl. UBA 2020a).

Die Situation des Rettungsverkehrs würde sich radikal verbessern, da Fahrzeuge im Notfalleinsatz auf befreiten Straßen staufrei und dadurch wesentlich schneller am Einsatzort eintreffen könnten. Neben Krankenwagen, Feuerwehr und Polizei sollten auch Dienstleister, die für den Erhalt und die Erweiterung der Infrastrukturen gebraucht werden und mitunter schwere Lasten transportieren, weiterhin über ausreichend viele motorisierte Fahrzeuge verfügen.

Grafik Seite 58

Je kleiner der Kreislauf der Wertschöpfung, desto besser ist das für die Umwelt. Urbane Produktion und ein einheitliches Logistik-Pfandsystem könnten viele Wege und Ressourcen sparen.

Die Wirtschaftsthese

Mit Pavillons zur urbanen Gemeinwohlökonomie

Das große Thema in fast allen Städten Deutschlands heißt bezahlbare Mieten. Viele Menschen, aber auch das kleinteilige Gewerbe leiden unter den starken Preisanstiegen der vergangenen Jahre oder können sich den Standort Stadt schlichtweg nicht mehr leisten. Von privaten Autos befreite Straßen erschließen nun eine gigantische kommunale Ressource – nämlich freie Grundstücksflächen in jeder einzelnen Straße. Verbleibt dieser Raum in öffentlicher Hand, kann er sich zu einem echten Pfund gegen Raumknappheit und Gentrifizierung entwickeln.

Die Attraktivität einer Straße hängt zu einem Großteil von der Gestaltung und Nutzung der Erdgeschosszone ab – also von den Läden, Cafés, Büros, Werkstätten und Kulturorten auf Straßenniveau. Diese Zone ist derzeit überwiegend in privater Hand. Ladenlokale werden in der Regel an die Bestzahlenden vermietet. In vielen Städten ist deshalb zu beobachten, dass sich durch den Strukturwandel im Einzelhandel – also die Verlagerung des Einkaufens von der Straße ins Internet – bei gleichzeitig tendenziell steigenden Gewerbemieten zunehmend das Gesicht der Straße in eine Grimasse verwandelt. Wo ehemals Geschäfte des täglichen Bedarfs waren, entstehen zunehmend verhangene Zwischenlager für Online-Lieferdienste oder begehbare Automaten, die zwar den Zweck des Einzelhandels erfüllen, nicht aber seine Qualitäten als Ort menschlicher Interaktion und Kommunikation bieten. Die Attraktivität der Straßen leidet, was wiederum dazu führt, dass noch mehr online bestellt wird. Die Erdgeschosszone gerät so in eine Abwärtsspirale, und die Kommunen können aktuell fast nichts tun, als dabei zuzuschauen.

Mit dem Konzept der befreiten Straße haben es Kommunen selbst in der Hand, die Attraktivität einer Straße zu erhöhen und das Konsumverhalten der Bewohnerinnen und Bewohner positiv zu verändern. Befreite Straßen bieten nicht mehr nur Raum für Mobilität, Begrünung und Begegnung, sondern auch für Funktionen, die der freie Immobilienmarkt in seinem Gewinnstreben nicht abbilden kann.

Eingeschossige Pavillongebäude, die auf ehemaligen Parkplätzen aufgestellt werden können, werden mit gemeinnützigen oder nachhaltigen Funktionen bespielt. Beispielsweise ließe sich ein differenzierter Handel mit regionalen und nachhaltigen Produkten zu Sonderkonditionen in die besten Quartierslagen (zurück)holen. Das hätte positive Effekte für die regionale Wirtschaft und würde die Stadt als nachhaltiges Ökosystem stärken. Auch könnten kleine Produktionsbetriebe mit Werkstätten Raum bekommen, die langlebige Güter herstellen und defekte Geräte reparieren oder kaputte Kleidung ausbessern. Selbst eine Nahrungsproduktion in Pavillons mit vertikalen Farmen wäre denkbar und könnte dazu führen, dass sich Quartiere teilweise selbst und ressourcenschonend versorgen.

Im Grunde kann mit der Errichtung von Pavillons auf kommunalem Straßenland fast jedes konsum- bzw. stadtpolitische Ziel befördert werden. Dabei würden neue Arbeitsplätze und auch positive Synergien mit den bestehenden Ladenlokalen entstehen, die durch die neue Lebendigkeit wieder an Attraktivität gewönnen. In diesem neuen Straßenbild ohne Verkehrslärm und Feinstaub wäre sogar die Umwidmung leerstehender Ladenlokale in Wohnraum eine Option, um die Wohnungsknappheit ohne große und ressourcenintensive Neubauprojekte zu lindern. Die Stadt würde dichter, menschlicher und resilienter – und damit so, wie es zeitgenössische Stadtentwicklungsziele vorsehen.

Die Wirtschaftsthese

Einen finanziellen Vorteil hat diese Lösung auch: Da sich die Refinanzierung des kommunalen Pavillonbaus aus Mieteinnahmen speisen könnte, wäre die Umgestaltung der Straße ohne langfristige öffentliche Subventionen möglich. Das Pavillon-Konzept in Deutschland kann in allen dichteren Stadtgebieten mit befreiten Straßen direkt vor den Haustüren der Bürgerinnen und Bürger zum Einsatz kommen. Trotzdem bleibt genug Spielraum, um gleichzeitig frühere Verkehrsflächen auch zu entsiegeln und weitere temporäre Nutzungen zu ermöglichen.

Die Wirtschaftsthese

EINE NAHBARE WIRTSCHAFT

Meist gehen wir davon aus, dass die größte Veränderung befreiter Straßen in der Mobilität liegen wird. Tatsächlich verändert der neue Gebrauch der Straße unseren Lebensstil jedoch grundlegend. Ein Szenario.

Die Krisen im globalen Wirtschaftssystem hatten sich damals gehäuft. Pandemien, Kriege und durch den Klimawandel bedingte Ernteausfälle führten zu einem wirtschaftspolitischen Kurswechsel: De-Globalisierung begann die große politische Agenda zu bestimmen. Man schuf Anreize und Gesetze für eine dezentrale Versorgung in den Quartieren, um von globalen Lieferströmen unabhängiger zu werden.

Bei den ersten befreiten Straßen sind die Effekte noch überschaubar. Der frei werdende Raum wird beinahe komplett für die dringendsten Bedürfnisse der Bürgerinnen und Bürger beansprucht: Es werden Sharing-Stationen, verschließbare Boxen für E- oder Lastenfahrräder und bislang fehlende Spielplätze und Treffpunkte eingerichtet. Bestehende Platzprobleme öffentlicher Einrichtungen werden durch Pavillon-Anbauten auf der Straße gelöst.

Dadurch gewöhnt man sich daran, dass Straßenflächen nicht mehr nur dem Verkehr dienen. Schon sehr bald sind auch Wohn- und Gewerbenutzungen auf der Straße nicht mehr abwegig. Auf frei gewordenem Straßenraum setzen Städte auch Verfahren auf, um Straßenraum an privatwirtschaftliche Nutzerinnen und Nutzer zu verpachten. Dabei entscheidet allerdings immer das Konzept und erst nachgelagert die Höhe der Pacht. Die Vergabekriterien sind streng im Sinne der Nachhaltigkeit und der Gemeinnützigkeit angelegt. Die Stadt der kurzen Wege wird Schritt für Schritt Realität, und lebendige Mikrokosmen entstehen.

Gesunde und ressourcenschonende Nahrungsmittel sind nun dezentral in fast jeder Straße verfügbar, aber auch die Produktion – vor allem aber die Reparatur – von Textilien und Gebrauchsgegenständen kehrt in moderner Form in die Quartiere zurück. Die dezentrale Energieversorgung mit Unterstützung sogenannter Prosumer (Produzent und Konsument in einem) wird zu einem dritten Standbein einer zunehmend unabhängigen Stadtgesellschaft. Zwar gibt es auf den gewonnenen ehemaligen Verkehrsflächen neue wirtschaftliche Aktivitäten, aber insgesamt wird die Kommerzialisierung des öffentlichen Raums spürbar reduziert. Die Wiedergeburt und Erweiterung der produktiven Erdgeschosszone verringert etwas die globale Abhängigkeit von Wirtschaftsströmen und kann zugleich eine Abkehr von maßlosem Überfluss und von einer lange vorherrschenden Wegwerfmentalität einläuten. Durch die unmittelbare Nähe zur Produktion wird der Wert von Dingen greifbarer. Dazu tragen die Pflege der Anbauflächen, die vielen Arbeitsschritte vom Garn bis zum Kleidungsstück und die technische Raffinesse, mit der ein 3D-Drucker Ersatzteile produziert, bei: Befreite Straßen öffnen uns als Gesellschaft ein Fenster zu den eigenen Ressourcen als Stadt- und Weltgesellschaft.

Die Wirtschaftsthese

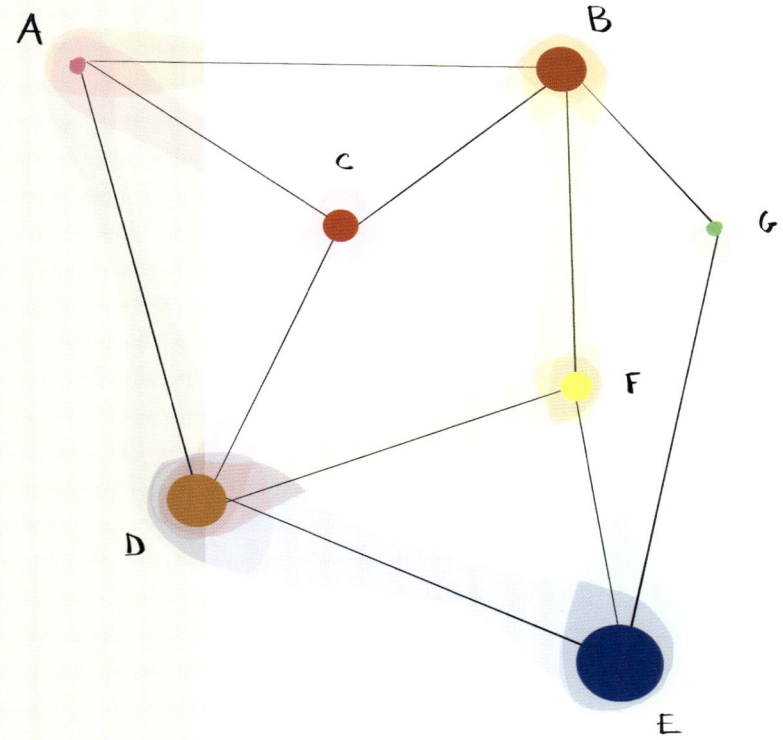

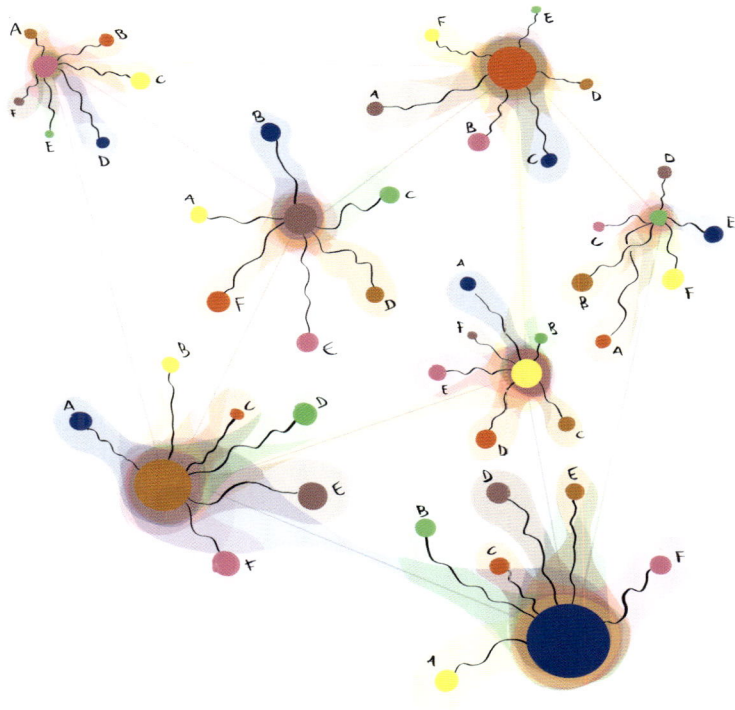

Die befreite Straße könnte einen Beitrag zu einem dezentraleren und dadurch widerstandsfähigeren Wirtschaftssystem leisten. Durch den hinzugewonnenen kommunalen Raum wird Wertschöpfung in jeder Straße möglich, und die Logik verschiebt sich von global zu lokal.

Nachhaltige Erzeugermodelle

Ob faire Kleidung, regionale Lebensmittel oder Upcyclingmodelle – in Zukunft wird es in allen Bereichen darum gehen, Ressourcen zu schonen und die Kreislaufwirtschaft zu fördern. Mit der Verpachtung von Einzelhandelspavillons in Konzeptvergaben zu Sonderkonditionen können Kommunen nachhaltige Handelskonzepte voranbringen und gegenüber herkömmlichen Geschäftsmodellen konkurrenzfähig machen.

Sitzrouten

Deutschland wird älter. Wenn wir wollen, dass auch ältere Menschen sich im lokalen Einzelhandel versorgen können, sich also bewegen und die lokale Wirtschaft unterstützen, brauchen wir mehr Sitzrouten – Stühle und Bänke, auf denen ältere oder bewegungseingeschränkte Menschen unterwegs Pausen einlegen können.

Neue Kreislaufsysteme

Durch eine vereinheitlichte Belieferung der Mikrodepots und den damit einhergehenden anbieterübergreifenden Großlagerzusammenschluss wäre ein neutrales Pfandverpackungssystem umsetzbar. Damit ließen sich die enormen Verpackungsmengen im Paketversand drastisch reduzieren.

Paketzustellung

Etliche Dienstleister stellen täglich in den Straßen Pakete zu. Stattdessen könnte ein stadtweites Logistikkonzept gleichzeitig für Effizienzsteigerung und Ressourcenschonung sorgen. Beliefert würde dann nur noch ein Mikrodepot je Straße, aus dem Anwohnerinnen und Anwohner ihre Waren entgegennehmen. Idealerweise platziert man diese Depots an hochfrequentierten Orten wie an Haltestellen des öffentlichen Nahverkehrs.

Manufakturen und Werkstätten

Durch die unmittelbare Nähe von Produktion, Verkauf und Nutzung wird die lokale Herstellung von Produkten eine neue Wertschätzung erfahren. Kleine Manufakturen und Reparaturwerkstätten, die zur Versorgung der Nachbarschaften beitragen und Anwohnerinnen und Anwohnern einen Arbeitsplatz bieten, finden Raum auf befreiten Straßen.

Liefer- und Ladezonen

Befreite Straßen bieten zuverlässig Raum für Liefer- und Ladezonen, weil die Flächenkonkurrenz zwischen Lieferfahrzeugen und anderen Fahrzeugen stark abnimmt.

Straßenbüros

Die Coronapandemie hat gezeigt, dass Homeoffice für viele Beschäftigte und Firmen eine gute Lösung ist. Nebenbei kann dadurch Verkehr bzw. CO_2 eingespart werden. Allerdings ist auch deutlich geworden, dass sich nicht jede Wohn- oder Familiensituation dafür eignet, von zu Hause aus zu arbeiten. Vielen Arbeitnehmerinnen und Arbeitnehmern fällt buchstäblich die Decke auf den Kopf. Eine Lösung ist das Co-Working für die Nachbarschaft: Arbeiten aus dem Homeoffice away from Home.

FAMILIENVATER ASLAN ARBEITET BEI EINEM GROSSEN VERSICHERUNGSUNTERNEHMEN. ZU SEINEM ARBEITSPLATZ PENDELT ER TÄGLICH 2 X 15 KILOMETER. IM STADTVERKEHR KOSTET IHN DER EINFACHE WEG DABEI 45 MINUTEN.

DA ASLAN GERNE RECHNET, WEISS ER, DASS ER DURCHSCHNITTLICH 206 TAGE IM JAHR ARBEITET (URLAUB UND KRANKHEIT ABGEZOGEN) UND SO 310,5 STUNDEN JÄHRLICH FÜR SEINEN ARBEITSWEG IM AUTO SITZT.

BEI SEINEM BRUTTOJAHRESGEHALT VON 85.000 EURO GEHEN IHM UND DER VOLKSWIRTSCHAFT SO INSGESAMT 129.513 EURO VERLOREN – BENZIN UND ABNUTZUNG DES AUTOS NICHT EINKALKULIERT!

AUF DAS JAHR HOCHGERECHNET SIND DAS FAST 13 VOLLE TAGE UND NÄCHTE UND AUF SEIN ETWA 40-JÄHRIGES BERUFSLEBEN 1,42 JAHRE ...

SEITDEM DIE STRASSEN „BEFREIT" WURDEN, SIND ÜBERALL IN DER STADT GÜNSTIGE KOMMUNALE STRASSEN-BÜROS AUF EHEMALIGEN PARKPLÄTZEN ENTSTANDEN.
DA HOMEOFFICE UND FAMILIENLEBEN NICHT GUT ZUSAMMENPASSEN UND ASLAN AUCH MAL RAUSKOMMEN WILL, GEHT ER NUN TÄGLICH DORTHIN. IN DIE FIRMENZENTRALE FÄHRT ER NUR NOCH SELTEN FÜR WICHTIGE TEAMTREFFEN.

DAS GUTE AM STRASSEN-OFFICE IST DER FUSSLÄUFIGE WEG, ABER AUCH DER REGELMÄSSIGE AUSTAUSCH MIT NACHBARINNEN UND NACHBARN AUS GANZ ANDEREN BERUFSFELDERN. IMMER WIEDER ENTSTEHEN SO KLEINE UND GRÖSSERE PROJEKTE NEBEN DER ARBEIT, BEI DENEN ER SEINE EXPERTISE EINBRINGT.

AUSSERDEM HAT ER NUN MEHR ZEIT FÜR SEINE FAMILIE UND SEINE HOBBYS.

Fin

GLOSSAR

Weiterführende Fachbegriffe

Kooperative Supermärkte
sind von Anwohnerinnen und Anwohnern initiierte und gemeinschaftlich betriebene Supermärkte, die besondere Maßstäbe bei Regionalität, Saisonalität und sozialer Inklusion anlegen.

Mikrodepots
sind dezentrale Lagerungsstätten für Pakete und Waren, die in Quartieren platziert werden, um Einzelanlieferungen einzusparen und insgesamt Transportwege zu reduzieren.

Prosumer
ist eine Fusion aus den Wörtern „producer" und „consumer" und beschreibt die Möglichkeit, dass Personen selbst produzieren, was sie konsumieren, etwa ihre eigenen Lebensmittel oder Energie.

Stadt der kurzen Wege
beschreibt den Ansatz, Quartiere so zu gestalten, dass Menschen kurze Wege zur Arbeit, Ausbildung und für die Versorgung (u. a. mit Lebensmitteln und Medizin) haben. Dadurch soll Verkehr vermieden und die Lebensqualität in Quartieren gesteigert werden.

Urbane Produktion
ist die Idee der Wiederbelebung dicht besiedelter innerstädtischer Räume als Produktionsstätten für materielle Güter und die dazugehörenden Dienstleistungen. Dies soll unter Aspekten der Umwelt- und Sozialverträglichkeit eine funktionale Vielfältigkeit in Städten begünstigen.

LITERATUR
Vordenkende und ihre Werke

Michael Braungart – Die nächste industrielle Revolution. Mit William McDonough (Hg.), Berliner Taschenbuchverlag 2008. Bekannt wurde der Chemiker Braungart durch seinen „Cradle-to-Cradle-Ansatz", nach dem Produkte in einer Gesamtbilanz von den Rohstoffen bis zum Nutzungsende betrachtet werden. Diese umfassende Bilanzierung geht mit einem radikalen Kreislaufmodell der verwendeten Materialien einher.

Stefan Gärtner – Lokale Ökonomie: Was, wer, wie auf welchen Ebenen? Mit Martina Brandt, in: Niermann, Oliver et al. (Hg.): Ökonomie im Quartier: Von der sozialräumlichen Intervention zur Postwachstumsgesellschaft, Springer Verlag, S. 29-47. Im Zentrum der Überlegungen von Stefan Gärtner steht die „Rückkehr der Produktion" in die Stadt. Er sieht große Chancen für eine digitalisierte und saubere Produktion auch in verdichteten Siedlungsgebieten. Zugleich weist er auf Konflikte in einer neuen Funktionsmischung hin, die er für prinzipiell lösbar hält.

David Graeber – Direkte Aktion, Edition Nautilus 2013. Der 2020 gestorbene Anthropologe und Aktivist Graeber kritisiert grundsätzlich kapitalistische Produktions- und Konsumformen. Sein Gegenentwurf zielt auf „sinnvolles Tun" – das ist für ihn nicht zuletzt praktische politische Arbeit vor Ort.

Elinor Ostrom – Was mehr wird, wenn wir teilen (mit Silke Helfrich als Hg.), oekom 2011. Die 2012 gestorbene Umweltökonomin und Wirtschaftsnobelpreisträgerin Ostrom hat sich zeitlebens mit den Chancen und Herausforderungen des gemeinsamen Arbeitens beschäftigt. Im Zentrum ihrer Forschung stand die Selbstorganisation lokaler Gemeinschaftsproduktion.

BEFREITE STRASSEN SIND CHARMANTE EINLADUNGEN.

AUF IHNEN SIND ALLE MENSCHEN SICHER, GESUND UND GERNE UNTERWEGS.

Die Gesundheitsthese

SYMPTOME EINER KRANKEN STADT

Belastete Luft, stadträumliche Barrieren und Anonymität: So groß und interessant unsere Städte auch sind, in vielerlei Hinsicht sind sie kein gesundes Zuhause für uns Menschen.

Das Ausmaß des Verkehrs auf öffentlichen Straßen hat unmittelbar Einfluss auf Gesundheit und Lebensqualität der Menschen. Deutschlands Städte mit ihren viel befahrenen und mit Autos zugeparkten Straßen beeinträchtigen Gesundheit und Lebensqualität durch Luftverschmutzung, Lärm, Unfallrisiken, Beweglichkeits- und Sichtbeschränkungen. Das betrifft die dort wohnenden, zu Fuß gehenden und Fahrrad fahrenden Menschen. Besonders gefährdet sind sogenannte „vulnerable", d. h. verletzliche Verkehrsteilnehmerinnen und Verkehrsteilnehmer, wie Schwangere, Kinder, ältere Menschen und Menschen mit Behinderung. Gesundheit ist nicht nur medizinisch zu verstehen, sie hat auch soziale und räumliche Dimensionen. Sie ist abhängig von wirtschaftlichen, sozialen, räumlichen und auch verkehrlichen Bedingungen. Gesundheit ist damit auch eine Frage der Stadtplanung (vgl. Wolf 2022). Betrachten wir den Zusammenhang von Straßenverkehr und Gesundheit, geht es auch um gesundheitliche Chancengleichheit. So haben Menschen, die an viel befahrenen Straßen wohnen, höhere Krankheitsrisiken.

Wenn wir Straßen befreien, können sie von gesundheitsgefährdenden zu gesundheitsfördernden Orten werden. Gesundheit ist ein Grundrecht, und damit ist es eine Verpflichtung von Staat und Gesellschaft, sie zu fördern und zu erhalten. Bereits seit den 1970er Jahren fordern unter anderem die Weltgesundheitsorganisation (WHO) und das Gesunde Städte-Netzwerk (Healthy Cities Network), zu dem auch viele Städte in Deutschland gehören, die Gesundheit der Bevölkerung durch eine entsprechende Stadtentwicklungs- und Verkehrspolitik zu

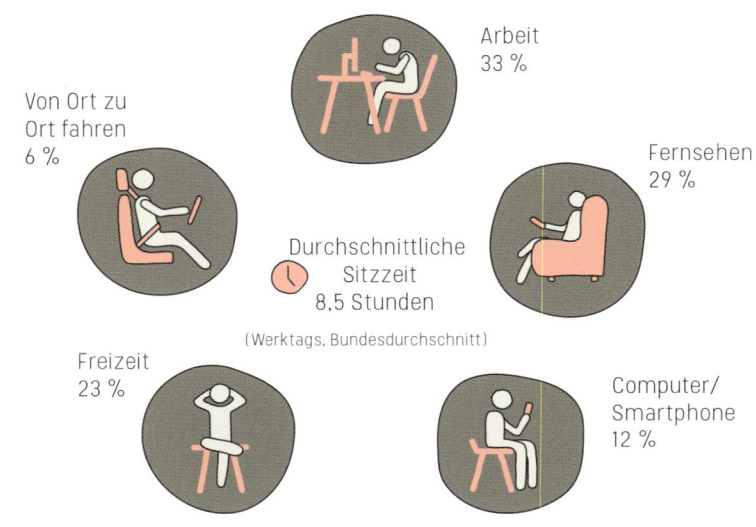

verbessern. Gesundheitsfördernd ist eine Straße dann, wenn sie folgende Merkmale aufweist: wenig bis gar kein automobiler Verkehr und damit eine bessere Luftqualität, ein geringer Geräuschpegel und mehr Sicherheit für alle Verkehrsteilnehmerinnen und Verkehrsteilnehmer vor Verletzungen oder gar Unfalltod.

Folgen wir den Zielen der WHO, können uns Städte eine gesunde Heimat sein und damit auch langfristig attraktiv bleiben. Das ist aus wirtschaftlich-ökologischer Sicht unbedingt erstrebenswert: Denn das dichte Zusammenleben vieler Menschen bildet eine ideale Grundlage, um größere Ressourceneffizienz zu erreichen. Teilen wir miteinander! Wärmen wir uns im Winter gegenseitig!

Die Gesundheitsthese

Viel unterwegs – wenig in Bewegung

Die Aufteilung unserer Städte in funktional getrennte Räume zum Wohnen, Arbeiten, Einkaufen oder Erholen ist der Grund dafür, dass wir viel unterwegs sein müssen. Dabei bewegen wir uns aber zu wenig und sitzen zu viel. Mehr als zwei Drittel der Erwerbstätigen in Deutschland fuhren 2020 mit dem Auto zur Arbeit. Viele benutzen das Auto auch dann, wenn der Weg zur Arbeit weniger als zehn Kilometer lang ist (vgl. DESTATIS 2021a).

Rund 80 Prozent derjenigen, die beruflich pendeln, sind inaktiv als Passagiere im Auto oder ÖPNV unterwegs. Das Problem ist nicht nur das Pendeln, auch mehr Homeoffice ändert nichts daran, dass wir uns im Alltag nicht genug bewegen (DAK Gesundheit 2021).

Die Folgen von zu wenig Bewegung sind höhere Risiken für Krankheiten wie Herzinfarkt, Schlaganfall, Bluthochdruck, Diabetes, Krebs, Demenz und Depressionen und eine entsprechend kürzere Lebenserwartung. Weltweit werden rund 7 Prozent aller Todesfälle durch Herz-Kreislauf-Erkrankungen auf körperliche Inaktivität zurückgeführt (vgl. WHO 2020; Katzmarzyk et al. 2022). Geringe körperliche Aktivität erhöht auch das Risiko für einen schweren oder tödlichen Verlauf von Covid-19 (vgl. Sallis et al. 2021).

57 Prozent der zu ihrem Bewegungs- und Sitzverhalten Befragten in Deutschland sitzen mindestens acht Stunden am Tag. Wer lange sitzt und sich im Verlauf eines Tages nur wenig bewegt, hat ein höheres Sterberisiko (Froböse & Wallmann-Sperlich 2021, S. 31).

Ob wir mehr Bewegung in unseren Lebensalltag bringen, ist unter anderem von der baulichen und natürlichen Umwelt abhängig, in der wir leben. So können die Straßengestaltung und die Verkehrs- und Raumplanung körperliche Aktivität fördern oder behindern (vgl. Edwards & Tsouros 2006). Aber auch das soziale Umfeld und persönliche Faktoren wie Geschlecht, Alter, individuelle Fähigkeiten und Motivation haben Einfluss darauf, wie körperlich aktiv man ist. Im bundesdeutschen Durchschnitt bewegen wir uns nicht einmal eine Stunde pro Tag; dabei ist die Bewegung auf alltäglichen Wegen per Rad oder zu Fuß schon mit eingerechnet (Voermans et al. 2016, S. 15 ff.).

Grafik Seite 74

Eigene Darstellung nach Froböse & Wallmann-Sperlich 2021, S. 30.

Als Gründe für mangelnde Bewegung nennen Befragte häufig, dass die Wege zu lang sind, um sie zu Fuß oder mit dem Fahrrad zurückzulegen. Auch empfundener Zeitmangel im Alltag ist ein oft genannter Grund (Voermans et al. 2016, S. 15 ff.).

Grafik

Eigene Darstellung nach Voermans et al. 2016, S. 15 ff.

Fragt man die Deutschen, warum sie sich so wenig bewegen, sind dies die häufigsten Antworten.

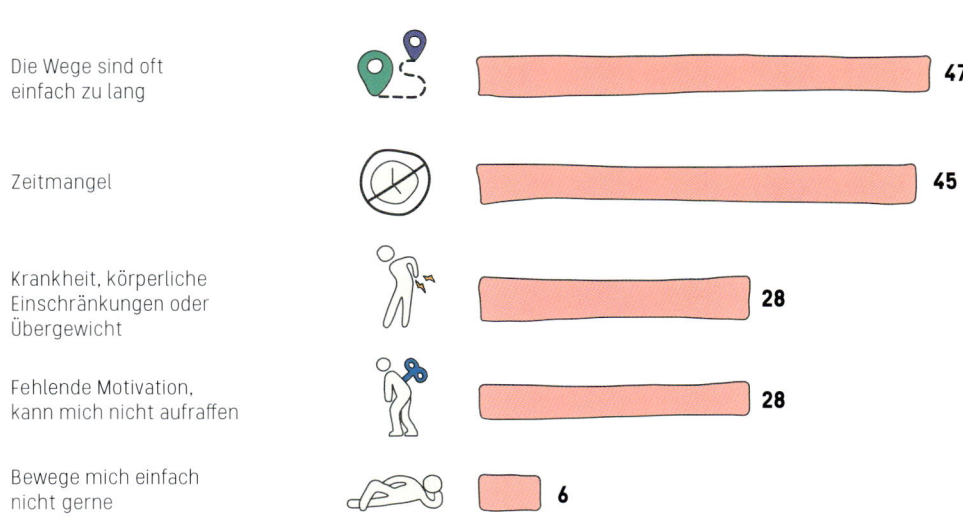

Die Wege sind oft einfach zu lang — 47

Zeitmangel — 45

Krankheit, körperliche Einschränkungen oder Übergewicht — 28

Fehlende Motivation, kann mich nicht aufraffen — 28

Bewege mich einfach nicht gerne — 6

Die Gesundheitsthese

Die Risiken und Nebenwirkungen des Straßenverkehrs

Stress und durch Stress bedingte Erkrankungen

Große räumliche und soziale Dichte bzw. Enge verursachen bei vielen Menschen Stress, so auch in Verkehrsmitteln und auf Straßen. Dies wurde u. a. mit dem Konzept des „Crowding" in der Umweltpsychologie gut untersucht (vgl. Hellbrück & Kals 2012). Ob im Auto, zu Fuß oder auf dem Fahrrad: Lange Ampelphasen bzw. Wartezeiten lösen Stress aus. Viele Menschen, die zu Fuß eine Straße überqueren, erleben das Gedränge durch entgegenkommende Personen als Stress. Auf dem Rad lösen z. B. Abbiegevorgänge oder Autos, die nah an einem vorbeifahren, Stress aus. Dauerhafter Stress erhöht wiederum das Risiko für verschiedene Erkrankungen z. B. des Herz-Kreislauf-Systems, der Haut sowie des Stoffwechsels und des Verdauungstrakts.

Erkrankungen der Lunge, von Herz, Kreislauf und Gefäßen

Der Straßenverkehr ist durch Verbrennung (v. a. Stickstoffoxide und Kohlenmonoxid) und Reifen- und Bremsabrieb (v. a. Stäube) nach wie vor eine der Hauptquellen für Luftverschmutzung (vgl. UBA 2021). Luftverschmutzung erhöht das Risiko von Lungenkrankheiten, die wiederum die Wahrscheinlichkeit von Herz- und Gefäßkrankheiten steigen lassen. Vor diesem Hintergrund sind die Aussagen des Umweltbundesamtes (UBA 2022) alarmierend: Ein großer Teil der Luftmessstationen in Deutschlands Städten registriert regelmäßig, dass die empfohlenen Grenzwerte der WHO (2018a) überschritten werden.

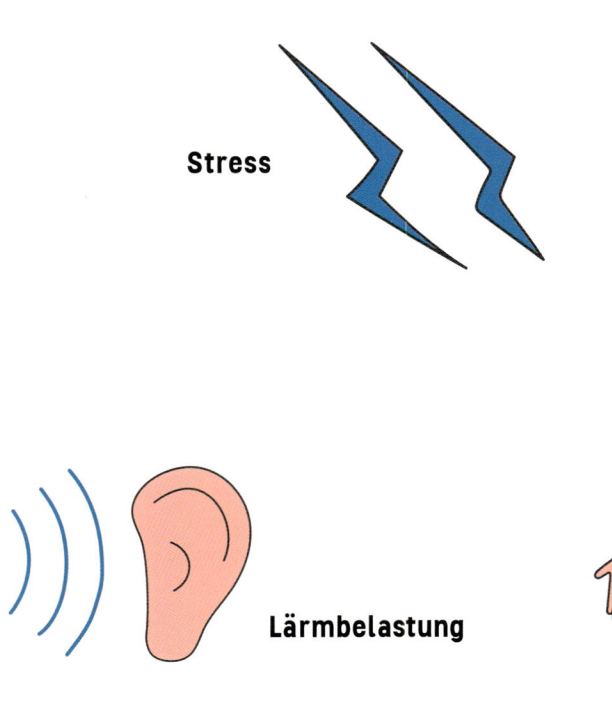

Schlafstörungen, Schädigungen des Gehörs, Beeinträchtigung von Schwangerschaften bis hin zu Fehlgeburten

Die Liste der von der WHO als kritisch einzustufenden Gesundheitsrisiken durch Umgebungslärm ist lang und reicht von Herz-Kreislauf-Erkrankungen, chronischer Lärmbelästigung und Schlafstörungen über kognitive Beeinträchtigungen, dauerhafte Gehörschäden und Tinnitus bis zu pränatalen, d. h. vorgeburtlichen, Beeinträchtigungen und Fehlgeburten (vgl. WHO 2018b). Der Sachverständigenrat für Umweltfragen (SRU) hat, u. a. mit Verweis auf diese Ergebnisse der WHO, der Forderung „Weniger Verkehrslärm für mehr Gesundheit und Lebensqualität" in seinem Umweltgutachten 2020 ein eigenes Kapitel gewidmet. Darin werden besonders auch die Gesundheitsrisiken betont, die für Kinder durch Verkehrslärmbelastung entstehen (Hornberg et al. 2020, S. 261 ff.).

Die Gesundheitsthese

Neurologische Erkrankungen

Eine umfassende kanadische Studie, in der Gesundheitsdaten von 678.000 Personen aus Vancouver zu zwei Messzeitpunkten ausgewertet wurden, zeigt, dass Menschen, die an vielbefahrenen Straßen leben, auch ein höheres Risiko für neurologische Krankheiten wie Demenz und Parkinson haben (vgl. Yuchi et al. 2020).

Weitere Längsschnittstudien notwendig

Es gibt in Deutschland zu wenige Untersuchungen zu Langzeitfolgen des Verkehrs. Während andere Länder schon seit Jahrzehnten Längsschnitt-Gesundheitsstudien durchführen (z. B. die Whitehall Studies in England seit 1967), gibt es in Deutschland erst seit 2003 bzw. 2007 das Gesundheitsmonitoring des Robert-Koch-Instituts. Es umfasst Querschnittsstudien und -Befragungen zur Gesundheit von Erwachsenen (DEGS, GEDA) und von Kindern (KiGGS-Basiserhebung seit 2003, mit Teilstichprobe im Längsschnitt seit 2007) sowie seit 2014 als Längsschnittuntersuchung die NAKO Gesundheitsstudie (ehemals Nationale Kohorte). Erste Teilauswertungen zu nächtlichem Verkehrslärm zeigen z. B., dass sich jede bzw. jeder Zehnte stark oder sehr stark durch Verkehrslärm belästigt fühlt (vgl. Wolf et al. 2021). Das zeigt sich auch anhand von Ergebnissen der repräsentativen Bevölkerungsumfrage für die „Umweltbewusstseinsstudie 2020": Der Straßenverkehrslärm wird bei den Lärmbelästigungen an erster Stelle genannt. „Insgesamt fühlen sich von Straßenverkehrslärm rund drei Viertel zumindest etwas gestört oder belästigt." (BMUV & UBA 2022, S. 31)

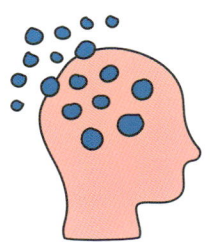

Neurologische Erkrankungen

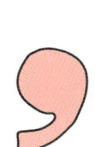

Psychische Erkrankungen

Psychische Erkrankungen wie Angststörungen und Depressionen

Eine 2021 veröffentlichte Metaanalyse von 25 Studien ergab, dass 23 der berücksichtigten Untersuchungen auf einen Zusammenhang von städtischen Grünflächen und psychischer Gesundheit hinweisen. Der Aufenthalt in städtischem Grün kann demnach Ängste und Depressionen reduzieren; die physische Aktivität, die durch nahes städtisches Grün erleichtert werden könnte, kann Depressionssymptome reduzieren (vgl. Callaghan et al. 2021; Gascon et al. 2018; Brüchle et al. 2021).

Die Gesundheitsthese

Die Kleinsten trifft es direkt

Der Straßenverkehr gefährdet die Gesundheit von Kindern durch Unfälle, aber auch durch Luftschadstoffe.

Im Jahr 2020 verunglückte in Deutschland im Durchschnitt alle 23 Minuten ein Kind unter 15 Jahren bei einem Verkehrsunfall. Das sind 22.462 Kinder, von denen 48 starben. 41,1 Prozent der verunglückten Kinder waren auf dem Fahrrad unterwegs, 32,5 Prozent fuhren im Auto mit und 20,6 Prozent gingen zu Fuß (DESTATIS 2021b, S. 4 ff.).

Das größte Gesundheitsrisiko durch den Straßenverkehr geht für Kinder von der unsichtbaren Gefahr der Luftverschmutzung aus. Kinder haben durch ihre Körpergröße und ihre höhere Atemfrequenz - sie atmen schneller als Erwachsene - einen besonderen Nachteil: Sie bewegen sich in der Zone, in der der Feinstaub von Abgasen und Reifenabrieb konzentrierter ist (vgl. Deutscher Bundestag, Kinderkommission 2021; Finkenstaedt & Thorbrietz o. J.). So inhalieren Babys und Kleinkinder in ihren Kinderwägen bis zu 44 Prozent mehr Schadstoffe als die sie begleitenden Erwachsenen (vgl. Sharma & Kumar 2020). Da die Körper von Kindern zudem anfälliger für Entzündungen und andere durch Luftschadstoffe verursachte Erkrankungen sind, können die Folgen eine lebenslange Belastung bedeuten.

Atemwegserkrankungen wie Bronchitis, Lungenentzündung und Asthma kommen vermehrt vor, aber auch Allergien. Auch die kognitive Entwicklung von Kindern kann so langfristig beeinträchtigt werden (vgl. WHO 2018c; Lob-Corzilius 2018, S. 42).

Studien belegen auch, dass Feinstaubbelastungen das Lungenwachstum von Kindern, die an Hauptverkehrsstraßen leben, im Vergleich zu dem von Kindern, die 1,5 Kilometer und mehr entfernt von ihnen leben, vermindern (vgl. Gauderman et al. 2007).

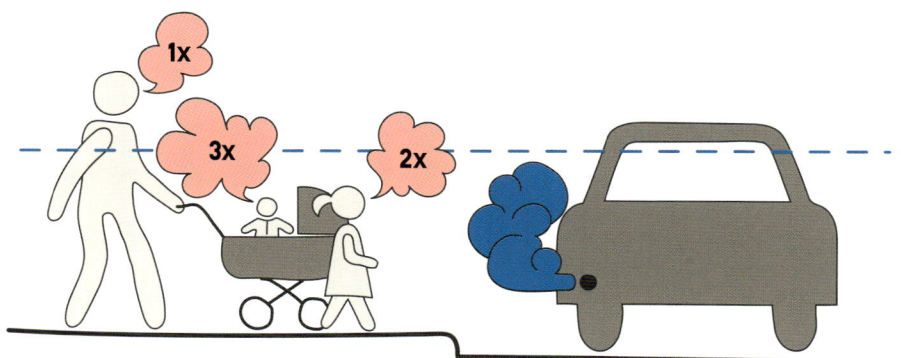

Säuglinge atmen drei- bis viermal häufiger Luft ein als Erwachsene, sechsjährige Kinder noch rund zweimal so häufig. Durch ihre Körpergröße bzw. Kinderwagenposition sind sie außerdem näher am Boden und dadurch Abgasen und Feinstaub besonders ausgesetzt. Ebenso geht es Rollstuhlfahrerinnen und -fahrern.

Die Gesundheitsthese

Spielen, ohne die Autos zu stören

Historisch kann man zu dem Schluss kommen, dass Kinder auch insofern die Hauptleidtragenden des motorisierten Verkehrs sind, als sie in den vergangenen 70 Jahren in ihrer Bewegungsfreiheit zunehmend eingeschränkt und in der Entwicklung ihrer Motorik und geistigen Entfaltung behindert wurden.

Regelmäßige körperliche Aktivität und gute motorische Fähigkeiten sind Grundlagen für eine gesunde Entwicklung im Kindesalter. In Deutschland erreichen mehr als drei Viertel der Mädchen und zwei Drittel der Jungen von drei bis 17 Jahren nicht die von der WHO empfohlenen mindestens 60 Minuten körperlicher Aktivität pro Tag. Kinder aus Familien mit geringem Einkommen sind davon besonders betroffen (Finger et al. 2018, S. 28).

Wenn der öffentliche Raum die Bewegungsfreiheit von Kindern einschränkt, hat das aber auch Folgen für die Eltern: Forderten Eltern bis in die 1960er Jahre ihre Kinder noch zum Spielen auf der Straße auf, müssen sie heute eindringlich vor den Gefahren der Straße warnen (vgl. Krüger 2021, Interview von Dirk von Schneidemesser). Täglich müssen Eltern zwischen dem Wunsch, ihren Kindern draußen Bewegung und Freiheit zu ermöglichen, und der Notwendigkeit, sie vor Risiken im Straßenverkehr zu beschützen, abwägen. Für die Eltern bedeutet das Stress und Angst, und es verstärkt das Bedürfnis, die Kinder zur Schule zu fahren (vgl. Rothman et al. 2015), sie beim Spielen im öffentlichen Raum zu begleiten oder sie schlicht nicht nach draußen zu lassen (vgl. O'Connor & Brown 2013).

Empirische Studien zeigen: Eltern haben weniger Angst davor, dass ihre Kinder sich draußen frei bewegen, wenn die bauliche Offenheit der Nachbarschaft es ermöglicht, ab und an nach den Kindern zu schauen, und wenn die Anwohnenden einander kennen (vgl. Francis et al. 2017). Je sicherer das Wohnumfeld baulich und sozial durch die Eltern empfunden wird, desto mehr Bewegungsfreiheit wird den eigenen Kindern auch erlaubt (vgl. Lin et al. 2017).

Zeitgleich mit der Massenmotorisierung wurden Kinder von der Straße verdrängt. Spielplätze mussten errichtet werden und dienen seither als Schutzräume oder „Kinderreservate" (Blinkert 1996, S. 96) gegen den fließenden Verkehr. Diese Beschränkung städtischer Orte zum Lernen und Erfahren, für regelmäßige körperliche Aktivität und zur vollen Ausbildung motorischer Fähigkeiten auf die wenigen zugesprochenen Territorien verhindert eine gesunde Entwicklung aller Kinder.

Die Gesundheitsthese

Nicht nur die Airbags sind ungleich verteilt

Soziale Ungleichheit zeigt sich in der Nutzung der verschiedenen Verkehrsmittel und bei den Risiken und Belastungen im Straßenverkehr.

Die Verkehrsbelastungen und damit verbundenen gesundheitlichen Risiken treffen am wenigsten diejenigen, die Lärm, Luftverschmutzung und Verkehrsbelastungen in den Städten hauptsächlich verursachen: die Autofahrerinnen und Autofahrer. Sie sind in ihren Autos am sichersten unterwegs und durch Filteranlagen vor giftigen Gasen und gefährlichen Luftpartikeln sowie durch Airbags vor Verletzungen durch Unfälle geschützt.

Verkehrsunfälle in Deutschland fordern pro Tag durchschnittlich sieben Todesopfer und mehr als 800 Verletzte.

Innerorts werden dabei Menschen, die mit dem Fahrrad oder zu Fuß unterwegs sind, doppelt so häufig tödlich verletzt wie Menschen, die im Auto oder auf Motorrädern an Unfällen beteiligt sind (DESTATIS 2021b). Es sind also diejenigen höheren Risiken und Belastungen im Straßenverkehr ausgesetzt, die zu Fuß und mit dem Rad unterwegs und dadurch vulnerabler sind (vgl. Aichinger 2020).

Menschen mit geringem Einkommen in sozial schwierigen Lebenssituationen, die sich ein Eigenheim mit Garten oder Wohnungsmieten in attraktiven Wohnstraßen

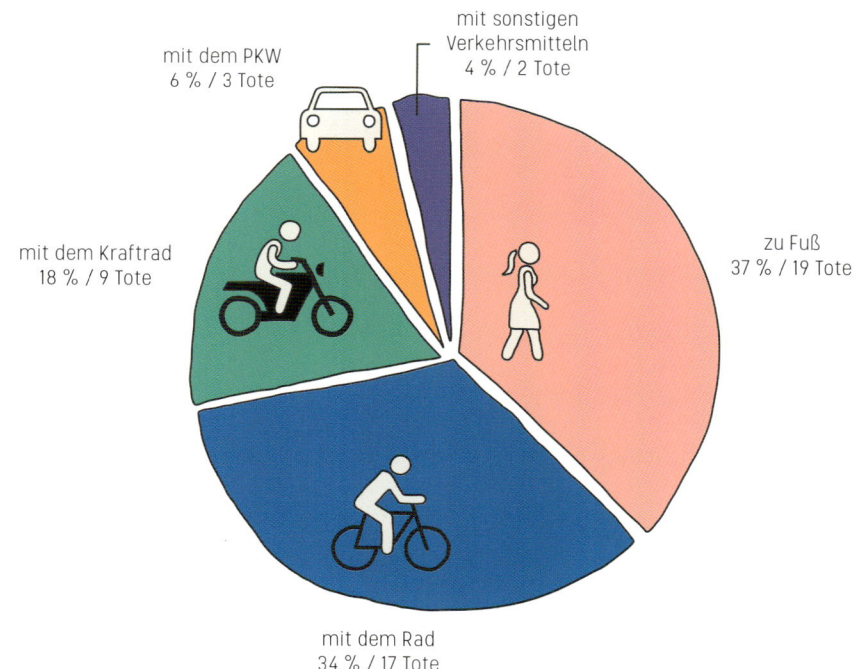

Foto Seite 81

Wenn ein Fahrradfahrer oder eine Radfahrerin tödlich im Straßenverkehr umkam, wie hier in der Dübener Heide in Sachsen-Anhalt, werden häufig sogenannte „Geisterräder" von lokalen Fahrradinitiativen aufgestellt. Entstanden ist die Idee zu dem weiß gestrichenen Mahnmal laut Wikipedia 2003 in St. Louis im US-Bundesstaat Missouri.

Dass Menschen zu Fuß und auf dem Fahrrad im Straßenverkehr deutlich höheren Risiken ausgesetzt sind, zeigt auch eine Aufschlüsselung der insgesamt 50 Verkehrsunfalltoten im Jahr 2020 in Berlin.

Die Gesundheitsthese

mit wenig Verkehr und viel Grün in der Nähe nicht leisten können, sind eher Belastungen durch den Straßenverkehr ausgesetzt. Sozial benachteiligte Stadtquartiere, in denen sie leben, weisen häufig mehrfache Umweltbelastungen wie eine schlechte Bausubstanz der Wohnhäuser, stark befahrene Straßen und wenig Grünflächen auf (Biercamp et al. 2017, S. 6). Neben Belastungen durch ihre soziale Lage sind Menschen dort zusätzlichen Umweltbelastungen ausgesetzt, die ihre Gesundheit beeinträchtigen können.

Gerade Mehrfachbelastungen machen Betroffene verletzlicher gegenüber Umwelteinwirkungen (ebd.). Risiken und Belastungen durch den Straßenverkehr sind damit ein Faktor, der zur sozialen und gesundheitlichen Ungleichheit beiträgt. Diese Ungleichheit hat sich in Deutschland seit 25 Jahren verfestigt. Sie zeigt sich nicht zuletzt in einer kürzeren Lebenserwartung von Menschen mit geringerem Einkommen (vgl. Lampert et al. 2019).

Foto: Matthias Heskamp

Die Gesundheitsthese

VITALE STRASSEN

Befreite Straßen schützen und fördern die Gesundheit durch bessere Luftqualität, mehr Ruhe, größere Sicherheit und mehr Entspannungs- und Bewegungsmöglichkeiten. Ein Szenario.

Die ersten Tage ohne motorisierten Verkehr auf der Straße sind noch ungewohnt. Es ist vor allem die Geräuschkulisse, die sich vielerorts irritierend deutlich wandelt. Die Menschen öffnen ihre Fenster, es klingt nun überall ein wenig so wie in den autofreien Altstädten: Man hört Menschen und ihre Gespräche, spielende Kinder, klapperndes Besteck und Gläser und zwitschernde oder gurrende Vögel.

Etwas länger dauert es, bis die Straßen dann auch in Beschlag genommen werden. Zunächst fremdeln viele Städterinnen und Städter damit, ihren privaten Raum auf die Straße zu erweitern und beispielsweise Möbel nach draußen zu stellen. Es ist zunächst leichter, sich auf den ungewohnt freien Straßen der Umgebung einfach nur zu bewegen. Man geht spazieren, weil man das gewohnt ist und es nun viel besser kann. Insbesondere in den Abendstunden sieht man Menschen auf den Straßen umherlaufen – unter die Hundebesitzer und Joggerinnen mischen sich nun auch andere, die spazieren, sich unterhalten und neugierig auf dieses neue Leben sind.

Schnell entdecken Gastronomie und Kulturschaffende das neue Interesse am öffentlichen Raum für sich und schaffen Angebote, die dazu beitragen, dass die Straße zusätzlich an Attraktivität gewinnt. Es entwickeln sich neue Treffpunkte – auch solche, an denen Sport getrieben wird. Unter anderem werden Tennis und Federball zu sehr populären „Straßensportarten".

Aber auch ohne Sport im eigentlichen Sinne zu treiben, bewegen sich die Bewohnerinnen und Bewohner befreiter Straßen viel mehr – sei es auf dem Weg zur nächsten Nahverkehrsstation oder für häufigere fußläufige Besorgungen in den ansässigen Geschäften und neuen Kiez-Markthallen mit (überwiegend) regionalen Erzeugnissen.

Die ehemals latente Gefahr durch stark motorisierte Fahrzeuge ist gesunken. Man sieht plötzlich viel mehr Menschen, die das Fahrradfahren für sich (wieder)entdecken – die vielen Kinder und älteren Menschen auf Fahrrädern fallen besonders auf. Statt des Adrenalins, das aufkam, wenn man auf verstopften Straßen dicht an Autotüren vorbeiradeln musste, bestimmen nun die Endorphine das Gefühl beim Radfahren durch die Stadt. Das Gefühl, Teil eines Schwarms von Radfahrenden zu sein, beschwingt viele Menschen. Wer hätte gedacht, dass Radfahren so viel Spaß machen kann?

Einige Jahre nach der Befreiung der Straßen werden zahlreiche Studien belegen, dass sich die physische und psychische Gesundheit der Städterinnen und Städter deutlich verbessert haben wird; und zwar in allen Altersgruppen. Gute Luft und Bewegung – es war eigentlich immer schon so einfach …

Die Gesundheitsthese

Visualisierung: Giulia Pozzi im Rahmen des Projekts „Verkehrswende erleben"

Freiräume

Menschen, die in dichten Stadtgebieten leben, tut es gut, mehr Platz vor der Haustür zu haben. Eine moderne Raum- und Straßenplanung lässt Freiräume entstehen, also Flächen, die nicht für eine bestimmte Nutzung vorgesehen sind und von Menschen vielfältig genutzt werden können.

Straßengrün

Da Natur unsere physische und psychische Gesundheit positiv beeinflusst, sollten insbesondere in Stadtgebieten mit wenigen Gärten und Grünflächen lang gezogene Straßenparks auf ehemaligen Parkplätzen entstehen.

Barrierefreiheit

In einer alternden Gesellschaft wird eine barrierearme – besser noch barrierefreie – Straßengestaltung für wachsende Bevölkerungsgruppen zur Grundvoraussetzung einer stärkeren gesundheitlichen Chancengleichheit. Hierzu gehören Rampen für Rollstühle oder Orientierungshilfen für Menschen, die nicht gut sehen, ebenso wie Sitzgelegenheiten bzw. Sitzrouten. So lassen sich Orte für die Besorgungen des täglichen Lebens bis ins hohe Alter zu Fuß oder mit dem Rollstuhl erreichen.

Bewegungsmotivierende Gestaltung

Unsere Umgebung war nicht immer so hindernisarm, wie wir das heute gewohnt sind: Unsere Vorfahren mussten täglich Wälder und Felder mit Wurzeln, Geröll und Gefällen durchqueren und unterschiedliche Bodenniveaus und -beschaffenheiten ausgleichen. Das macht Kindern und Erwachsenen immer noch Spaß, wie man in manchen modernen Parkanlagen sieht. Daraus ergeben sich verschiedene Forderungen: Also mehr davon auf die Straße! Balancieren und das Überwinden von kleinen Höhenunterschieden halten fit!

Sport und Fitness

Auf ehemaligen Parkplätzen kann Raum für Tore und Basketballkörbe entstehen. Wie vor der Massenmotorisierung kann auf den Straßen wieder gespielt, gekickt und gedribbelt werden. Befreite Straßen erlauben auch eine Neuinterpretation des westdeutschen 1970er-Jahre-Programms von „Trimm-dich-Pfaden": Attraktive innerstädtische Laufrouten mit Outdoor-Fitnessgeräten für Zwischenstopps und Workouts können entstehen. Denkbar sind dabei auch öffentliche Duschpavillons und Schließfächer, sodass Wege zur Arbeit oder zu anderen Terminen auch joggend zurückgelegt werden können.

LANIKA (8) LEBT MIT IHREN ELTERN IN EINER DEUTSCHEN GROSSSTADT. WEGEN DES STARKEN VERKEHRS IST DER SCHULWEG GEFÄHRLICH. LANIKA UND DIE ANDEREN SCHULKINDER WERDEN DESHALB ZUR SCHULE GEFAHREN.

NACH DER SCHULE IST LANIKA OFT LANGWEILIG. SIE VERMISST DAS SPIEL MIT ANDEREN KINDERN.

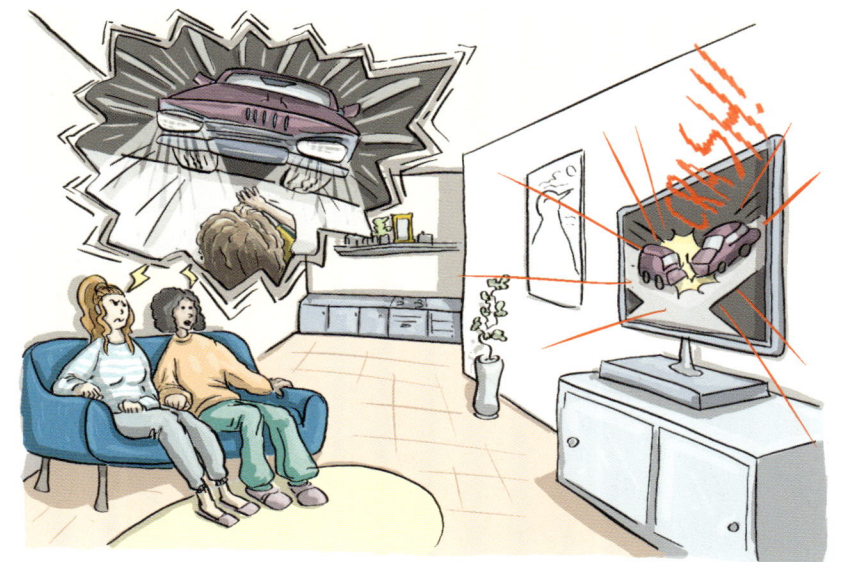

ALLEINE RAUS AUF DEN SPIELPLATZ DARF SIE ABER NICHT – IHRE ELTERN HABEN ZU GROSSE SORGEN, DASS IHR AUF DER STRASSE ETWAS ZUSTOSSEN KÖNNTE ...

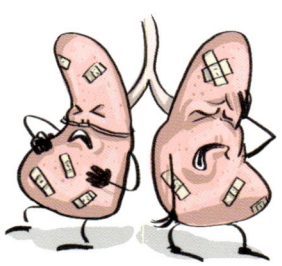

LANIKA (8) FÄHRT JEDEN TAG MIT IHREM ROLLER ZUR SCHULE. DAS MACHEN JETZT ALLE SCHULKINDER SO, WEIL DIE WEGE SCHÖN UND SICHER SIND.

NACH DER SCHULE FÄHRT SIE AUCH WIEDER ALLEIN NACH HAUSE. ZUMINDEST THEORETISCH. ES GIBT NÄMLICH SO VIELE GUTE GRÜNDE EINEN STOPP EINZULEGEN ...

WENN LANIKA MAL WIEDER SPÄTER ALS GEPLANT NACH HAUSE KOMMT, MACHEN SICH IHRE ELTERN DANN DOCH MANCHMAL SORGEN ... ABER NICHT WEGEN DER GEFAHREN IM STRASSENVERKEHR, SONDERN WEIL LANIKA SICH MAL WIEDER IN DEN GEMEINSCHAFTSGÄRTEN AUF DER BEFREITEN STRASSE SATT GEGESSEN HAT UND ZUHAUSE UMSONST GEKOCHT WURDE ...

GLOSSAR

Weiterführende Fachbegriffe

Epidemiologie

ist ein wissenschaftliches Grundlagenfach der Medizin und ein Instrument zur evidenzbasierten (durch wissenschaftlich-empirische Belege begründbaren) Verbesserung der Gesundheit der Bevölkerung. Epidemiologie untersucht die Ursachen und die Verbreitung von Krankheiten und Todesursachen in verschiedenen Bevölkerungsgruppen. Aus epidemiologischen Studien lassen sich Maßnahmen zur Prävention, also Vermeidung, von Erkrankungen und zur Verbesserung der Gesundheit der Bevölkerung ableiten. Sozialepidemiologie untersucht als Teilgebiet der Epidemiologie den Zusammenhang zwischen der sozialen Lage und dem Gesundheitszustand von Bevölkerungsgruppen.

Metaanalysen

sind wissenschaftliche Studien, in denen die Daten und Ergebnisse aus mehreren bereits durchgeführten Studien zu einer bestimmten Fragestellung mit statistischen Methoden verglichen und zusammengefasst werden. Dadurch können Aussagen zur Beantwortung dieser Fragestellung getroffen werden, die als Gesamtergebnis in der Regel belastbarer bzw. zuverlässiger sind als das Ergebnis einer einzelnen Studie.

Mobilitätsarmut

bedeutet, dass die Möglichkeiten eines Menschen, von einem Ort zu einem anderen zu gelangen, und infolgedessen auch die Möglichkeiten der Teilhabe am gesellschaftlichen Leben eingeschränkt sind. Es gibt verschiedene Gründe dafür, dass Menschen von Mobilitätsarmut betroffen sind. Zu den räumlichen Faktoren gehören z. B. eine schlechte Anbindung an den ÖPNV, zu den persönlichen Gründen z. B. geringe finanzielle Ressourcen oder körperliche Einschränkungen.

Multikausale Morbidität

bedeutet, dass es für die Häufigkeit einer Erkrankung in einer Bevölkerungsgruppe (Morbidität) mehrere Ursachen gibt, die zusammenwirken (Multikausalität). Viele Krankheiten entstehen durch ein Bündel von Ursachen, wie individuelle Veranlagung (Disposition), Vorerkrankungen, Lebensverhältnisse und Verhaltensweisen. Die Hauptursache für chronisch obstruktive Lungenerkrankungen (COPD, chronic obstructive pulmonary disease), von denen in Deutschland rund zehn bis zwölf Prozent der Erwachsenen über 40 Jahren betroffen sind, ist z. B. das Rauchen. Aber auch Luftschadstoffe können den Verlauf einer COPD beeinflussen. Deshalb ist es schwierig, genau zu bestimmen, welchen Anteil der Straßenverkehr an bestimmten Erkrankungen allein (monokausal) oder zusammen mit anderen Faktoren (multikausal) hat. Um dies herauszufinden, sind aussagefähige Längsschnittstudien erforderlich.

Soziale und gesundheitliche Ungleichheit

hängen zusammen. Soziale Ungleichheit bezeichnet die Besser- bzw. Schlechterstellung von Menschen aufgrund unterschiedlicher Ressourcenausstattung. Dazu zählen Einkommenshöhe und Bildungsgrad sowie unterschiedliche Lebensverhältnisse, etwa die Wohnsituation. Bestimmte Bevölkerungsgruppen finden bessere bzw. schlechtere Lebensbedingungen und Chancen vor als andere. Das betrifft auch die Chancen auf Gesundheit und die Lebenserwartung.

Umweltgerechtigkeit

beschreibt das Ziel, gesunde Umwelt- und Lebensverhältnisse für alle Menschen zu schaffen. Umweltressourcen und Umweltbelastungen sind aktuell sozial ungleich verteilt. Menschen in schwierigen sozioökonomischen Lebensverhältnissen sind z. B. häufiger durch verkehrsbedingte Schadstoffe, Lärm und dadurch bedingte Gesundheitsrisiken belastet und haben weniger Zugang zu Grünflächen.

Unterschied von Gesundheitsförderung und Krankheitsprävention

Gesundheitsförderung soll Menschen dazu befähigen, selbstbestimmt ihre Gesundheit durch eine entsprechende Gestaltung von Lebensverhältnissen (z. B. Einkommen und Bildung), von Lebenswelten (Settings wie z. B. Schule oder Wohnquartier) und von Verhaltensweisen (z. B. Reduzieren von Alkohol- und Nikotinkonsum, Erhöhen von körperlicher Aktivität) zu erhalten und zu verbessern. Krankheitsprävention beinhaltet alle Maßnahmen, die vorbeugend (präventiv) bzw. verhindernd dazu beitragen, Auftreten und Ausbreitung von Gesundheitsrisiken und Krankheiten zu verringern. Dazu gehören z. B. Maßnahmen wie Infektionsschutz und Früherkennung, aber auch gesetzliche Regelungen zur Verringerung von Umweltbelastungen.

Unterschied von Querschnittstudien und Längsschnittstudien

Eine Querschnittstudie ist eine einmalige Untersuchung. Zum Beispiel werden Personen zu einem bestimmten Zeitpunkt einmal befragt. Eine Längsschnittstudie ist eine Untersuchung, die wiederholt durchgeführt wird. Zum Beispiel wird in einer sogenannten Paneluntersuchung eine für die Gesamtbevölkerung repräsentative, per Zufallsverfahren gezogene Stichprobe von Personen mehrmals im Zeitverlauf befragt. Veränderungen, die sich im Zeitverlauf bei der repräsentativen Stichprobe zeigen, können damit auch für die Gesamtbevölkerung angenommen werden. Mit Längsschnittstudien lassen sich auch Ursachen von Krankheitsrisiken in der Bevölkerung ermitteln.

WHO-Projekt Gesunde Städte

Das seit 1986 durch die WHO auf internationaler, nationaler und lokaler Ebene verankerte Entwicklungsprogramm versteht die Förderung von Gesundheit als übergreifende politische Aufgabe. Gesundheitsziele sollen vereinbart, Gesundheitsförderung soll in den unmittelbaren Lebensbereichen der Menschen umgesetzt werden. Dem Gesunde Städte-Netzwerk in der Bundesrepublik gehören aktuell rund 90 Städte an.

LITERATUR

Vordenkende und ihre Werke

ARUP, Cities alive. Towards a walking world — Gut illustrierte, kostenlose Broschüre zum Thema „walkable cities" mit vielen Beispielen fußgängerfreundlicher Straßen in Städten, die die Gesundheit besser schützen und die Lebensqualität erhöhen.

European Environment Agency (EEA)/ Europäische Umweltagentur (EUA) — Sammelt in Zusammenarbeit mit dem Europäischen Umweltinformations- und -beobachtungsnetz (Eionet) und seinen 32 Mitgliedsländern Daten zur Umwelt und stellt unabhängige Informationen zu vielen umweltbezogenen Themen zur Verfügung, darunter auch zu Umwelt und Gesundheit. Zum Beispiel auch den European city air quality viewer mit einem Vergleich der durchschnittlichen Feinstaubwerte in 323 europäischen Städten und einer Möglichkeit, sich die Frage „How clean is the air in my city?" anhand einer Karte beantworten zu lassen.

GPA Gesellschaft Pädiatrische Allergologie, 2017 — Kinderärzte und Umweltmediziner fordern strikte Einhaltung der EU-Grenzwerte für Feinstaub und Stickoxide die bisher in Deutschland nicht eingehalten werden.

Prof. Dr. Claudia Hornberg, Weniger Verkehrslärm für mehr Gesundheit und Lebensqualität. 18.05.2020, 7 Minuten — Die Vorsitzende des Sachverständigenrats für Umweltfragen und Professorin für Umwelt und Gesundheit an der Fakultät für Gesundheitswissenschaften der Universität Bielefeld stellt im Video die Gesundheitsbeeinträchtigungen durch Lärm im Straßen-, Schienen und Luftverkehr und die zentralen Botschaften des Kapitels „Weniger Verkehrslärm für mehr Gesundheit und Lebensqualität" aus dem Umweltgutachten 2020 vor.

Kinderkommission des Deutschen Bundestages, Öffentliche Anhörung zu Auswirkungen geringer Nachhaltigkeit auf Kinder, 24.03.2021, Deutscher Bundestag, Mediathek, Video, 80 Minuten — Experten und Expertinnen verweisen darauf, dass Kinder durch Luftverschmutzung besonders belastet sind.

Gert von Kunhardt, Marlen von Kunhardt, „Autofahren ohne Stress - Das Entspannungs-Programm für unterwegs" — Die dystopische Alternative zu einer gesundheitsfördernden Straße: Ein Buch mit Hör-CD verspricht den Stresslevel im Verkehr zu mindern. Bislang ist dieses Werk nur für Autofahrende erschienen - vielleicht gibt es aber bald auch eine Version für Fußgänger und Fahrradfahrende.

Max-Planck-Gesellschaft, Luftverschmutzung ist eines der weltweit größten Gesundheitsrisiken, 2020 — Neue Studien zeigen, dass Luftverschmutzung das Leben der Menschen weltweit um durchschnittlich fast drei Jahre verkürzt.

Mai Thi Nguyen-Kim, Feinstaub und Lungenärzte: Die ganze Wahrheit Science-Video, 19 Minuten, 15.02.2019, Youtube — Die Chemikerin und Wissenschaftsjournalistin setzt sich kritisch mit der Stellungnahme von deutschen Lungenärzten auseinander, die 2019 die Gesundheitsgefährdung durch Feinstaub- und Stickoxid-Umweltbelastungen relativiert hatten.

Studie der Universität Michigan, „urban nature experiences reduce stress in the context of daily life based on salivary biomarkers" (Hunter et al. 2019), täglicher Spaziergang im Grünen reduziert Stress — Schon lange war wissenschaftlich belegt, dass der Aufenthalt in der Natur zur Erholung von Stress beiträgt. Die Studie zeigt nun, dass schon 20 bis 30 Minuten tägliches Spazierengehen in der Natur effektiv den Cortisolspiegel im Körper senkt und Stress reduziert.

SWR2 Wissen, Podcast von Peggy Fuhrmann, Stressfaktor Stadt: Eng, laut, anonym. 11.01.2021, 28 Minuten — Erläuterungen zu den Gesundheitsrisiken der Stadtbevölkerung im Vergleich zur ländlichen Bevölkerung. Anschaulich wird darüber informiert, wie die Wissenschaft den Stress durch Straßenverkehr untersucht und welche Bedeutung mehr Grün in der Stadt für die Gesundheit der Menschen hat.

Toolbox Umweltgerechtigkeit, Deutsches Institut für Urbanistik gGmbH — Die Internetplattform bietet umfassende Informationen, Praxisbeispiele, Checklisten, Handlungsempfehlungen und Instrumente zum Thema Umweltgerechtigkeit.

UBA Umweltbundesamt, Erklärfilm „Verkehr in der Stadt" — Knapp vier Minuten lang und leicht verständlich.

UBA Umweltbundesamt — Zum Thema Verkehr bietet das UBA umfangreiche Informationen, unter anderem zu Umweltbelastungen durch Verkehr und Auswirkungen auf die Gesundheit.

UNECE, THE PEP – Das gesamteuropäische Programm Verkehr, Gesundheit und Umwelt, das bereits 2002 eingeführt wurde, weist aus Gesundheitsperspektive mit Dringlichkeit auf eine „Stadt der kurzen Wege", in der aktive Mobilität mit viel Fuß- und Fahrradverkehr möglich wird. Dieses Programm sollte unbedingt stärkere Beachtung in Stadt- und Verkehrspolitik finden!

Warum ist Feinstaub ein Problem? ZDFtivi, logo!, 17.11.2021 — Problem Feinstaub kindgerecht erklärt, Informationen und einminütiges Video.

Was atmest Du? 45 Minuten, Spezial, NDR, 2019 — Die Dokumentation informiert darüber, wie schädlich Feinstaub und Stickoxid in der Luft sind. Für die Dokumentation wurde die größte Luftmessaktion in Norddeutschland angestoßen.

WHO, European Healthy Cities Network und Gesunde Städte-Netzwerk der Bundesrepublik Deutschland — Die Netzwerke treten auf europäischer, nationaler, regionaler und lokaler Ebene dafür ein, dass Gesundheitsförderung die Menschen in ihrem Alltag und in ihrem Lebensumfeld erreicht und durch Städte und Gemeinden aktiv initiiert und umgesetzt wird.

ZDF, Doku, Terra X, Feinstaub und Stickoxide. Fragen und Antworten Video, 18 Minuten, 11.02.2019, verfügbar bis 10.02.2029 — Vor dem Hintergrund der Auseinandersetzungen über Grenzwerte und Dieselverbote wird erläutert, welche Gesundheitsgefährdungen Feinstaub und Stickoxid verursachen und wie die Wissenschaft diese ursächlichen Zusammenhänge untersucht.

BEFREITE STRASSEN SCHÜTZEN UNSER LEBEN UND DAS DER KOMMENDEN GENERATIONEN.

MIT IHNEN LASSEN SICH EXTREMWETTERLAGEN BESSER BEWÄLTIGEN.

Die Klimathese

VON VERURSACHENDEN ZU BETROFFENEN ZU BEWÄLTIGENDEN

Klein-, Mittel- und Großstädte sind unser Zuhause. In Deutschland leben fast 80 Prozent der Bevölkerung in Städten und Ballungsräumen. Diese vielen Städterinnen und Städter verbrauchen einen Großteil der Ressourcen und sind Hauptverursacherinnen und -verursacher der klimaschädlichen Kohlenstoffdioxidemissionen (CO_2). Denn sie heizen, sie reisen, und sie konsumieren. Sollten also mehr Menschen aufs Land ziehen? Auf keinen Fall! Wir müssen Städte auch in Jahrzehnten des Klimawandels attraktiv halten, da in ihrer Dichte des Zusammenlebens eine große Chance liegt.

In den kommenden Jahren wird es durch den menschengemachten Klimawandel mehr Extremwetterlagen in Deutschland geben. Hitzewellen werden häufiger, wohltuende Regenschauer seltener, der Grundwasserspiegel sinkt, Böden werden trockener und die Ernten unsicher. Das Risiko für Starkregenereignisse und Überschwemmungen steigt gerade in stark versiegelten Gebieten. Als Städterinnen und Städter müssen wir jetzt erkennen, dass wir zugleich Verursachende und Betroffene des Klimawandels sind, aber auch Handlungsmöglichkeiten haben, um diese Situation zu verändern. Wir können uns und zukünftige Generationen in der Stadt schützen und die Lebensqualität erhalten – vielleicht sogar verbessern.

Eine drastische Reduktion des privaten Individualverkehrs ist möglich. Auf der Basis von befreiten Straßen ist ein nachhaltiges und dezentrales Wirtschaftssystem denkbar. Es gibt ressourcenschonende Lösungen für Städte, die in weniger dicht besiedelten Landstrichen nicht funktionieren würden. Von der Mobilität bis zum Büroraum kann alles geteilt werden. Veränderte Verhaltens- und Konsummuster lassen sich schnell auf viele Nutzerinnen und Nutzer skalieren und Millionen CO_2-Fußabdrücke auf einmal senken. Jetzt müssen wir dafür sorgen, dass die urbane Siedlungsform attraktiv bleibt. Wir müssen Deutschlands Städte für den Klimawandel fit machen. Fangen wir mit dem kommunalen Gemeingut Straße an!

Die Klimathese

Der vom Menschen verursachte Klimawandel erhöht das Risiko zu verheerenden Hochwassern nach Starkregenereignissen.

Die Klimathese

War hier mal Leben?

Seit vielen Jahrhunderten verändern wir Menschen unseren Planeten – wir graben, legen trocken und versiegeln. In den vergangenen 60 Jahren waren wir hierzulande besonders fleißig: Die Siedlungs- und Verkehrsfläche hat sich mehr als verdoppelt. Die größte Verantwortung dafür trägt eine alte Bekannte: die Charta von Athen – ihrerseits Grundlage für die autogerechte Stadt.

Mit der Trennung der Funktionen kam die Zersiedelung, die wiederum für immer mehr Verkehr und damit Kraftstoffverbrauch und Belastungen durch Lärm und Abgase sorgte. Viele Staus führten dazu, dass noch breitere Verkehrswege gebaut wurden – ein Teufelskreis. Bis in die späten 1990er Jahre wurden ungebremst neue Flächen zur Besiedelung freigegeben und um diese zu erschließen, immer mehr und breitere Straßen gebaut, mit eklatanten Folgen für die Landwirtschaft und den Zugang zu fruchtbaren Böden. Auch wenn die Versiegelung neuer Flächen in den vergangenen Jahren nachgelassen hat, wurde selbst im Jahr 2017 immer noch täglich eine Fläche von rund 58 Hektar neu ausgewiesen. Das entspricht etwa der Größe von 82 Fußballfeldern – jeden Tag! Bis 2030 soll diese Fläche halbiert werden. Das sind dann immer noch mehr als 40 Fußballfelder.

Es gibt mittlerweile erste Gesetze, die Klimaanpassung nicht mehr als freiwillige Aufgabe begreifen. „Spätestens seit der Novellierung des Baugesetzbuches vom Juli 2011 ist die Klimaanpassung nunmehr laut § 171a BauGB ausdrücklich zu einer Pflichtaufgabe des Stadtumbaus geworden" (Beckmann et al. 2017, S. 8). Und in der Präambel der Verwaltungsvereinbarung Städtebauförderung aus dem Jahr 2016 heißt es: „Die Stadtquartiere sollen unter Berücksichtigung des Klimaschutzes und der Klimaänderung an die Bedürfnisse der Bürgerinnen und Bürger angepasst werden, insbesondere der Familien bzw. der Haushalte mit Kindern und der älteren Menschen" (ebd., S. 20).

Ein hehres Ziel! Diese bestehenden und weitere Gesetze braucht es, um endlich mit dem Entsiegeln zu beginnen, wo seit Jahrzehnten nur versiegelt wurde.

Grafik Seite 99

Die thermische Belastung an einem Hitzetag variiert von Bautypologie zu Bautypologie, wie diese Fallstudie und Modellierung zu drei Quartieren in München zeigt.

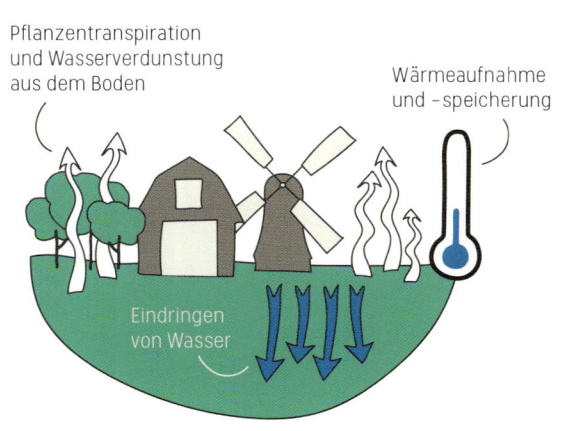

ländliches Gebiet

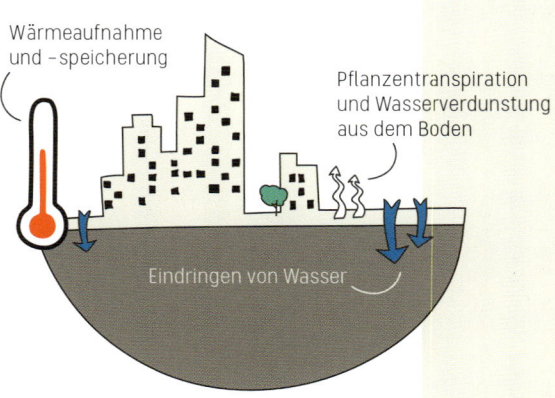

Stadt

Die Klimathese

Wohnen auf der Herdplatte?

Sucht man nach der Ursache für die städtischen Wärmearchipele, findet man sie hauptsächlich in der hohen Bebauungsdichte und in den (thermischen und physikalischen) Eigenschaften der eingesetzten künstlichen Baumaterialien. Aber auch die laufenden Motoren heizen der Stadt ein. Die große Chance für die Wiederherstellung eines natürlichen Hitzeschutzes liegt in der Wiederherstellung der natürlichen Bodenfunktionen.

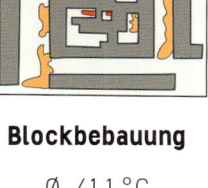

Blockbebauung

Ø 41,1 °C

+ 6,3 %

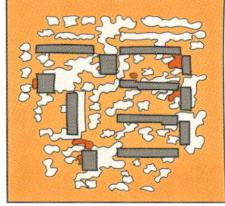

Zeilenbebauung

Ø 43,3 °C

+ 5,5 %

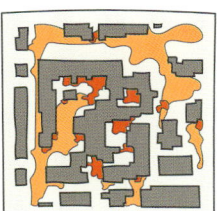

Mittelalterlicher Stadtkern

Ø 42,0 °C

+ 11,5 %

- ☐ 31 bis 39 °C
- ■ 39 bis 55 °C
- ■ 55 bis 63 °C
- ■ Gebäude

Hitze, die auch nachts nicht entweicht, ist eine Qual für alle. Insbesondere für ältere Menschen, Menschen mit Herz-Kreislauf-Vorerkrankungen, aber auch für Kleinkinder kann sie zur Todesursache werden. Im Sommer kann der Temperaturunterschied von der Stadtmitte zur Stadtgrenze schon heute bis zu 10 °C betragen (vgl. Hornberg et al. 2018, S. 10). Mit länger anhaltenden Hitzewellen, die mit dem vom Menschen verursachten Klimawandel wahrscheinlicher werden, wird dieser Unterschied noch größer.

Die weitverbreitete Annahme, dass wir unsere Benzin- und Dieselmotoren lediglich durch Elektromotoren ersetzen müssen, um dem Klimawandel entgegenzuwirken, ist in vielerlei Hinsicht naiv. Denn es ist die große Anzahl an Autos, die die Versiegelung von Flächen mit wärmespeicherndem Asphalt befeuert. Und ganz abgesehen davon, sind die CO_2-Kosten von Elektroautos selbst dann noch hoch, wenn sie mit Strom aus erneuerbaren Energien fahren. Die Herstellung eines kompakten E-Autos samt Batterie ist derzeit mit der Freisetzung von ca. zwölf Tonnen CO_2 verbunden (vgl. EFI 2022, S. 63) – das ist mehr als jede bzw. jeder von uns im Durchschnitt pro Jahr verursacht.

Gegen die erwartbaren Hitzewellen hilft nur eine völlig neue Verkehrs-, Siedlungs- und Baupolitik!

Zunächst muss jede Planung und Umgestaltung von Wohngegenden das derzeitige Nischenthema der thermischen Belastung prioritär behandeln. Die jeweilige Bautypologie von Quartieren macht einen großen Unterschied. „Ohne die Berücksichtigung lokaler klimatischer Bedingungen (Windverhältnisse, Sonneneinstrahlung etc.) kann das Verbauen von Luftschneisen den Luftaustausch vermindern und so die Akkumulation von Luftschadstoffen begünstigen sowie das Risiko der Ausbildung sogenannter Hitzeinseln in den Innenstädten steigern" (Hornberg et al. 2018, S. 10). Wir bauen heute oft noch Quartiere, die in einigen Jahren nur noch mit zusätzlichen energetisch katastrophalen Klimaanlagen bewohnbar sein werden, anstatt die natürliche Kühlung und Belüftung zu ermöglichen.

Die Städte müssen im Zuge der Verkehrswende auch Grünschneisen planen und umsetzen. Wir brauchen große Grünkorridore, die auch die Stadtzentren mit Frischluft versorgen und Versickerungsflächen für Starkregen bieten. Am besten dafür geeignet sind die breiten Haupt- und Bundesstraßen sowie die Stadtautobahnen und ihre Umgebung. Sie haben das Potenzial, große Mengen an Frischluft in die Stadt zu holen und so die Stadt lebenswert zu halten.

Bei all diesen Planungen braucht es einen Klimacheck. Auch das Freilegen von Straßen mit großen Baumaschinen benötigt viel Energie und ist mit CO_2-Emissionen verbunden. Es braucht deshalb zudem kluge Masterpläne, welche Straßen auch in Zukunft noch als Fahrbahnen genutzt werden können und wo großflächig entsiegelt werden muss.

Die Klimathese

Widerstände wiederherstellen

Der Klimawandel stellt unsere Gesellschaft vor große Herausforderungen – das macht vielen Menschen Angst und lässt sie wegschauen. Augen zu und hoffen, dass es gut geht, ist aber mit Sicherheit der falsche Ansatz. Stattdessen braucht es ein: Augen auf und den Wandel gestalten – denn in unserer Wiederannäherung an die Natur liegt viel mehr als das bloße Potenzial zu überleben.

Die Natur ist unser ständiger Sehnsuchtsort, ziert als Hintergrundbild unsere Computermonitore und ist das Reiseziel vieler Urlauberinnen und Urlauber. Es gibt wohl kaum etwas auf der Welt, bei dem sich alle Menschen so einig sind: Die Natur ist wunderbar! In ihr tanken wir Kraft, kommen auf gute Ideen, beruhigen uns. Diese Interaktion mit der Natur weckt ein verstärktes Interesse, Grünflächen zu schützen und dafür Verantwortung zu übernehmen. Mit der Nähe zur Natur steigen Lebensqualität und Wohlbefinden (vgl. White et al. 2013). Dabei spielen auch Fülle und Vielfalt eine große Rolle (vgl. Fuller et al. 2007). Die Vielfalt der Natur bedeutet jedoch noch viel mehr: Eine große Biodiversität ist die Voraussetzung für die Widerstands- und Anpassungsfähigkeit der Erde gegenüber Klimaveränderungen. Vor allem müssen weitere blaue (Wasserflächen) und grüne (Grünflächen) Infrastrukturen (vgl. Henninger & Albert 2021) wiederhergestellt werden, die noch mehr Raum für Artenvielfalt bieten.

Schauen wir auf die größte deutsche Stadt: Bereits heute gilt Berlin als artenreicher als sein Umland. Städtische Wälder, Parks, Seen, Brachen, Gärten und Verkehrsinseln bieten Lebensräume – sei es für Großsäuger, Insekten oder Algen. Allerdings hat die Forschung ergeben, dass urbane Gebiete auf Pflanzen und Tiere wie Filter wirken: „Wer passende Eigenschaften mitbringt, wird hier gedeihen, alle anderen werden sich schwertun. Pflanzen mit behaarten Blättern, die Licht reflektieren und sich so vor Hitze schützen, wachsen beispielsweise problemlos entlang trockener, schattenfreier Straßen" (Knapp 2020, S. 113). Entsiegelte Straßen eröffnen Chancen für Pflanzungen. Zu den effektivsten Maßnahmen gegen Extremwetterlagen zählen Bäume, da sie auch bei Starkregen und Fluten der Erde Halt geben und darüber hinaus die Luft kühlen. Simulationen zeigen: Ein Wohngebiet ohne Bäume ist 5 °C wärmer als eines mit viel Grün (vgl. Erlwein & Pauleit 2021). Leider sind in vielen deutschen Städten selbst die bestehenden Stadtbäume aufgrund von langen Trockenphasen, Verkehr und Wurzelwachstumshindernissen wie etwa Tiefgaragen gefährdet. Zusätzlich zu Bäumen sollten zukünftig auch Fassadenbegrünungen in Städten verstärkt gefördert werden. Sie haben ebenfalls eine positive Wirkung auf das Mikroklima in einem Quartier und können den Hitzestress am Tag über einen längeren Zeitraum um bis zu 16 Prozent reduzieren. Auch nachts zeigen Fassadenbegrünungen einen deutlichen Kühleffekt und reduzieren die Anzahl von Tropennächten mit mehr als 25 °C um 17 Prozent (vgl. Sieker et al. 2019). Zudem können Fassadenbegrünungen und Großgehölze wie Bäume und Sträucher auch deutlich zur Absorption und Bindung von Feinstaub beitragen und so die Luftqualität in der Umgebung verbessern (vgl. Eyink & Heck 2015).

Schließlich müssen wir mehr Platz für Wasser schaffen, um Pflanzen und Böden feucht zu halten, aber auch um das Stadtklima, z. B. bei Hitzewellen, zu verbessern. Dazu gehört auch eine dezentrale Regenwassernutzung. Mit Dachbegrünung und entsiegelten Bodenflächen kann dafür

Die Klimathese

gesorgt werden, dass mehr Wasser in der Stadt bleibt und dort bei warmen Temperaturen verdunstet – dies kühlt die Luft ebenfalls und lässt eine Neubildung des für Pflanzen so wichtigen Grundwassers zu.

Zukunftsfähige Städte brauchen zudem eine wassersensible Planung und damit ein besseres Regenwassermanagement, um auf Klimatrends und Extremwetterlagen vorbereitet zu sein. Denn perspektivisch werden wir es uns nicht leisten können, große Mengen unseres Trinkwassers im Sommer für das Gießen von Rasenflächen in Parks zu verwenden. Schwammstadtkonzepte zeigen hier konkrete Wege auf, wie die Wasserspeicherfähigkeit städtischer Böden gesteigert und zugleich verdunstungsstarke Vegetationsflächen angelegt werden können (Eyink & Heck 2017).

Bäume zählen zu den effektivsten Maßnahmen gegen Extremwetterlagen, da sie auch bei Starkregen und Fluten der Erde Halt geben und darüber hinaus die Luft kühlen.

Die Klimathese

ENDLICH KOEXISTENZ

Um Klimafolgen wie Überflutungen, Dürren, Hitzewellen und Artensterben zu lindern und ihnen entgegenzuwirken, müssen wir Straßen befreien und widerstandsfähiger machen. Ein Szenario.

Alles könnte mit einem beschlossenen Moratorium beginnen: Von diesem Tag an dürfen laut Gesetz keine neuen Flächen, eben auch nicht für den Verkehr, versiegelt werden – und wenn im Ausnahmefall doch, muss die doppelte Fläche an anderer Stelle entsiegelt werden. Mit diesem Gesetz beginnt aus der Mobilitätswende auch eine Bodenwende zu werden. Aber nicht nur die aufwendigen Entsiegelungen von großen Straßen quer durch die Städte legen wertvolle Grünkorridore frei, auch in kleinerem Maßstab entstehen überall schnell CO_2-ärmer realisierbare Entwässerungsgräben. Sie sorgen in jeder Straße dafür, dass Regen versickern kann, um bei steigenden Temperaturen durch Verdunstung die Luft zu kühlen.

Die Transformation der Städte tut allen Menschen gut, am meisten den Kindern. Dann profitieren alle Kinder, und nicht nur die in den Waldkindergärten, von der Vielfalt an Spieloptionen und Rückzugsmöglichkeiten. Sowohl Straßen und Infrastruktur als auch die wachsenden Waldstreifen auf ehemaligen großen Straßen laden zu Bewegung und Kreativität ein. Schon früh lernen sie, sich allein draußen zurechtzufinden und auf sich selbst zu vertrauen. Der weite öffentliche Raum wird abwechslungsreich und lebendig. Die Natur zieht die Menschen täglich aus ihren Wohnungen, weil es fußläufig viel zu erleben gibt: vielfältige Pflanzen und Tiere, naturintegrierende Stadtarchitektur und die Begegnungen mit Nachbarinnen und Nachbarn – man ist stolz auf dieses wiederentdeckte weitläufige gemeinsame Wohnzimmer.

Die Klimathese

Straßen nehmen heute in unseren Städten gigantische Flächen ein. In Zukunft müssen große Teile davon entsiegelt werden, damit das Leben in der Stadt in Zeiten des Klimawandels erträglich bleibt.

Erhalt aller Grünflächen und Straßenbäume
Egal ob in der Stadt oder am Stadtrand, es muss alles dafür getan werden, dass keine Grünfläche und kein einziger Baum oder Busch mehr verschwinden. Alte Stadtbäume sind besonders wichtig für die Artenvielfalt und für die Umwandlung von CO_2. Zudem spenden sie wertvollen Schatten. Bei der Renaturierung oder Neuanlage von Grünflächen gilt es, gezielt robuste einheimische Pflanzen zu wählen, die mit dem Stress des städtischen Klimas gut umgehen können.

Sonnenschutz
In den kommenden Jahren werden große P und breite Straßen an heißen Tagen zu kau überwindbaren Hürden werden, insbesonde für vulnerable Personen. Große Tücher zwis Häusern und bewachsene Pergolen könner Schatten spenden. Auch der Bedarf an Trin brunnen und Wasserspendern wird steigen

Weiße Straßen
Wo der Asphalt nicht abgetragen wird, müssen die Straßenbeläge aufgehellt werden, damit si sich weniger aufheizen. In Städten wie Los An geles wurde bereits damit begonnen.

Die richtigen Pflanzen
Heimische Pflanzen sind meist besonders wertvoll für die Artenvielfalt, weil sie optimal an unser Klima angepasst sind und Nahrung für Insekten bieten. Auf Balkone, Gärten und Baumscheiben gehören deshalb Pflanzen wie Ringelblumen, Oregano oder Lavendel.

Smarte Technologien
Auch technologische Werkzeuge können uns dabei helfen, CO_2 zu binden, Natur zu schützen und eine friedliche Koexistenz aller Lebewesen in der Stadt zu ermöglichen. Ein Beispiel sind sensorbasierte Beleuchtungssysteme in Parks, die nachts die Sicherheit erhöhen und gleichzeitig lichtsensible Tiere vor Dauerirritation schützen.

Tierfreundliche Stadtgestaltung
Manchmal braucht es nur geeignete Nisthilfen oder eine kleine Sandgrube, damit Tiere in der Stadt besser überleben können. Eine als „Animal Aided Design" bekannte Strategie sollte zukünftig in jede Um- und Neugestaltung des öffentlichen Raums einfließen.

Entsiegelung von Flächen
Durch die Entsiegelung von Stein und Asphalt gewinnen wir Flächen für Pflanzen und Tiere wieder. Das stärkt die Biodiversität, sorgt dafür, dass Wasser versickern und bei Hitze wieder verdunsten kann und so Starkregen ebenso wie Hitzetage und -nächte erträglicher werden. Selbst verschüttete natürliche Wasserläufe können dadurch zur Oberfläche zurückkehren.

PATRIZIA IST EINE ALLEINSTEHENDE STADTSPINNE. SIE IST IN DEN GEMÜTLICHSTEN WOHNZIMMERN DES VIERTELS ZU HAUSE. NACH DRAUSSEN GEHT SIE NUR NOCH SELTEN, WEIL IHR BEIM SCHLIMMEN ZUSTAND DER STRASSENBÄUME SONST IMMER SO DÜSTERE GEDANKEN IN DEN KOPF KOMMEN.

KÜRZLICH TRAF SIE IHRE FREUNDIN, DIE BIENE GERTRUD. SIE ERZÄHLTE PATRIZIA, DASS ES AUF DEM LAND SOGAR NOCH SCHLIMMER IST ALS IN DER STADT – DA IST WOHL WIRKLICH ALLES VOLLER PESTIZIDE.

MANCHMAL DENKT SIE DARÜBER NACH, SICH EINFACH AUS DEM NETZ ZU STÜRZEN UND IHREM SPINNENLEBEN EIN ENDE ZU SETZEN. WENN SIE NUR MIT DEN MENSCHEN REDEN KÖNNTE, DAMIT SIE ENDLICH BEGREIFEN …

SEITDEM DIE STRASSEN „BEFREIT" WURDEN, IST PATRIZIA ZUFRIEDEN. DIE MENSCHEN HABEN ENDLICH VERSTANDEN, DASS DIE WURZELN DER STRASSENBÄUME MEHR PLATZ BRAUCHEN, UND DIE ÜBERFLÜSSIGE STEINSCHICHT AM BODEN ENTFERNT. SIE LIEBT IHR NEUES ALTES ZUHAUSE.

JEDEN TAG FREUT SIE SICH AUF NEUE LECKERBISSEN IN IHREM NETZ – BEISPIELSWEISE AB SIE KÜRZLICH ERSTMALS EINEN KLEINEN WASSERKÄFER. ES WAR IHR EIN KULINARISCHER HOCHGENUSS! DAS GUTE ESSEN GIBT KRAFT. SIE IST MITTLERWEILE HUNDERTFACHE MUTTER.

DIE REICHHALTIGE NAHRUNG MACHT SIE ALLERDINGS AUCH BEHÄBIG. DIE HAUBENLERCHE WILHELM NUTZT DAS EISKALT AUS. FÜR SIE IST PATRIZIA WIEDERUM EINE PROTEINREICHE DELIKATESSE.

GLOSSAR

Weiterführende Fachbegriffe

Dach- und Fassadenbegrünung
von Gebäudeflächen in urbanen Räumen dient der Entlastung des Stadtklimas.

Flächenentsiegelung
meint das Aufbrechen bestehender Bodenbeläge, die künstlich angelegt wurden. Durch eine Entsiegelung sollen natürliche Bodenfunktionen weitestgehend wiederhergestellt werden.

Grüne und blaue Infrastruktur
bezeichnet die Gestaltung von Stadtflächen mit Wasser und ihre Begrünung zur Unterstützung der Klimaresilienz und Verbesserung der Lebensqualität.

Klimaresiliente Städte
können den Auswirkungen des Klimawandels trotzen und dennoch die Grundversorgung gewährleisten. Sie sind lernfähig und passen sich an sich ändernde äußere Bedingungen an.

Schwammstadt
ist ein Ansatz der Stadtgestaltung, der sich mit natürlichen Wasserkreisläufen auseinandersetzt und die Stadt daran ausrichtet, Wasser z. B. durch Regenrückhalt und Entsiegelung aufnehmen und abgeben zu können. Mit diesem Konzept soll zudem ein Starkregenmanagement unterstützt werden.

Städtische Biodiversität
beschreibt die Artenvielfalt von Pflanzen und Tieren in urbanen Räumen und ihr Zusammenwirken.

Wärmearchipel,
auch „Urban Heat Island" genannt, beschreibt einen problematischen Wärmestau in städtischen Räumen durch versiegelte Böden und zu wenige kühlende Elemente wie Grün- und Wasserflächen.

LITERATUR
Vordenkende und ihre Werke

Deutscher Städte- und Gemeindebund – Hitze, Trockenheit und Starkregen: Klimaresilienz in der Stadt der Zukunft, Berlin 2022. Da der Handlungsdruck gerade für die Kommunen steigt, hat der Deutsche Städte- und Gemeindebund eine Checkliste für Hitze und Starkregen erstellt, um eine Hilfestellung bei der Bewältigung von Extremwetterereignissen zu bieten.

Maja Göpel – Unsere Welt neu denken, Ullstein 2020. Die Transformationsforscherin und Politikökonomin Maja Göpel kritisiert das auf Wachstum ausgerichtete Wirtschaftssystem und setzt sich damit auseinander, wie Nachhaltigkeit, Klimaschutz und Ökonomie vereinbar werden.

Naomi Klein – How to Change Everything: Wie wir alles ändern können und die Zukunft retten, Hoffmann und Campe 2021. Die Journalistin und Aktivistin Naomi Klein setzt sich in ihren Werken kritisch und gnadenlos mit neoliberalem Kapitalismus und dessen Folgen für das Klima auseinander. Sie fordert einen radikalen „Green New Deal" für die Umwelt- und Sozialpolitik.

Gernot Wagner – Stadt, Land, Klima, Brandstätter 2021. Der Klimaökonom Wagner lehrt an der New York University und schreibt seit Jahren den vielbeachteten „Risky Climate Blog" bei Bloomberg, sein Plädoyer für Solar-Geoengineering ist durchaus umstritten.

UM STRASSEN ZU BEFREIEN, BRAUCHT ES POLITISCHEN WILLEN.

KONFLIKTE MÜSSEN AUSGEHALTEN, NEUES MUSS GEWAGT UND MANCHES AUCH WIEDER VERWORFEN WERDEN.

Die Politikthese

UNTER DEM ASPHALT LIEGT DER STRAND

Die Dominanz des Autos ist bis heute gewaltig. Jeder Versuch, diese Macht des Faktischen zu beschneiden, ist mit Konflikten verbunden. In öffentlichen Räumen, die dem Autoverkehr abgetrotzt werden, zeigt sich oft die ganze Ambivalenz der Stadt: Obdachlose errichten Lager, Touristinnen und Touristen feiern, und Jugendliche eignen sich Platz fürs Skaten an. Und auch wenn Anwohnerinnen und Anwohner mitunter genervt sind und sich manche die Autos zurückwünschen, die zumindest weder grölen noch urinieren: Es geht längst nicht mehr um das Ungerechtigkeitsgefühl der vielfach verschrienen „Rad fahrenden Weltverbesserer" – es ist schlicht an der Zeit, viel weniger Autos in die Städte zu lassen.

Der Gebrauch der Straße ist umkämpft. Und ja, es hat sich etwas getan in der Verkehrspolitik der vergangenen Jahre. Das Carsharinggesetz (CsgG), das Elektromobilitätsgesetz (EmoG) sowie das neue Gesetz zum autonomen Fahren wurden erlassen; diese Gesetze haben die Gestaltungsspielräume für die kommunale Verkehrspolitik etwas erweitert. Auch zentrale Gesetze, die das Miteinander im Straßenverkehr regeln, wie das Personenbeförderungsgesetz (PBefG) und die Straßenverkehrs-Ordnung (StVO), wurden stellenweise angepasst. Sie beinhalten nun Experimentierklauseln (PBefG § 2 Abs. 7, StVO § 45 Abs. 1 Satz 2 Nr. 6), die zeitlich befristete Erprobungen neuer Konzepte ermöglichen sollen (vgl. Canzler & Knie 2019). Das alles ändert aber wenig daran, dass der aktuelle Rechtsrahmen vorrangig auf die rechtssichere Regulierung des bestehenden (autozentrierten) Verkehrssystems ausgelegt ist. Es führt kein Weg daran vorbei, die rechtlichen Privilegien der Autonutzung abzubauen und stattdessen alternativen Verkehrsformen mehr Platz zu geben.

Dabei geht es um weit mehr als um Flächengerechtigkeit im Verkehr. Starkregen und Hitzephasen werden in Zukunft häufiger vorkommen (vgl. IPCC 2021), gerade verdichtete Städte müssen sich darauf vorbereiten. Verkehrsflächen müssen vermehrt entsiegelt werden, es braucht mehr Grün- und Sickerflächen und zugleich mehr Schatten spendende Bäume. Bisher fehlen dezidierte Rechtsvorschriften, die eine Umwandlung der Stadt im Sinne einer besseren Klimaresilienz unterstützen (vgl. DStGB 2022). Die Klimaschutzziele müssen hier und heute ernst genommen werden. Anpassung ist nötig, um die schlimmsten Folgen der Erderwärmung zu verhindern. Die Emission von Treibhausgasen muss jetzt angegangen werden. Dafür hat das Bundesverfassungsgericht im Frühjahr 2021 in seinem Klimagesetz-Urteil den Kurs vorgegeben, denn Klimaschutz darf nicht weiter auf Kosten künftiger Generationen verzögert werden. Das gilt erst recht für den Verkehr, wo sich viele Jahre nichts getan hat.

Die Politikthese

Mit dieser visuellen Metapher auf unseren heutigen Gebrauch der Straße hat der schwedische Künstler Karl Jilg einen Nerv getroffen: Die Straßen in unseren Städten sind durch den starken Verkehr mit Kraftfahrzeugen zu einem großen Anteil zu No-go-Areas geworden, von denen Lebensgefahr ausgeht – für alle, die nicht in einem Auto sitzen.

© Karl Jilg

Die Politikthese

Kurzfristig: Was heute schon geht …

Es müssen nicht immer Jahre vergehen, um etwas am autozentrierten Status quo zu verändern. Es kann schnelle Erfolge geben, wenn der politische Wille und der Mut, Neues auszuprobieren, vorhanden sind.

Die Experimentierklausel
Die Experimentierklauseln im Personenbeförderungsgesetz und in der Straßenverkehrs-Ordnung bieten einen rechtlichen Rahmen, um innovative Mobilitätslösungen zu erproben und eine Umsetzung anzustoßen (vgl. BMWi 2019). Dabei sind sie rechtlich so konstruiert, dass weitere Ausnahmeregelungen je nach Erprobungsmaßnahme in sie eingebettet werden können. Da diese Klauseln noch recht jung sind, gibt es keine standardisierten Verfahren, und für Kommunen bieten sich Spielräume.

Personenbeförderungsgesetz (PBefG) § 2 Abs. 7:

„Zur praktischen Erprobung neuer Verkehrsarten oder Verkehrsmittel kann die Genehmigungsbehörde auf Antrag im Einzelfall Abweichungen von Vorschriften dieses Gesetzes oder von auf Grund dieses Gesetzes erlassenen Vorschriften für die Dauer von höchstens fünf Jahren genehmigen, soweit öffentliche Verkehrsinteressen nicht entgegenstehen."

Straßenverkehrs-Ordnung (StVO): § 45 Abs. 1 Satz 2 Nr. 6:

„(1) Die Straßenverkehrsbehörden können die Benutzung bestimmter Straßen oder Straßenstrecken aus Gründen der Sicherheit oder Ordnung des Verkehrs beschränken oder verbieten und den Verkehr umleiten. Das gleiche Recht haben sie [...] zur Erforschung des Unfallgeschehens, des Verkehrsverhaltens, der Verkehrsabläufe sowie zur Erprobung geplanter verkehrssichernder oder verkehrsregelnder Maßnahmen."

Fotos Seite 117

Die temporäre Erweiterung von Radverkehrsanlagen wurde während der Coronapandemie innerhalb weniger Tage im Berliner Bezirk Friedrichshain-Kreuzberg realisiert. Begründet wurde die Einrichtung mit der Ansteckungsgefahr in engen Räumen, also auch im öffentlichen Nahverkehr. Mittlerweile sind viele der sogenannten Pop-up-Radwege verstetigt worden, sodass sich das Sicherheitsgefühl Radfahrender dauerhaft verbessert hat.

Experiment „Autonomer E-Shuttle als ÖPNV-Ergänzung": SAM (Südwestfalen Autonom & Mobil) war im Rahmen der Experimentierklausel dank eines engagierten Bürgermeisters in Drolshagen unterwegs und konnte sich durch das Experiment in das Stadtbild integrieren. Durch die Erprobung konnten zum einen Hemmnisse bei Nutzerinnen und Nutzern abgebaut werden; zum anderen wurde die neue Technologie evaluiert.

Die Politikthese

Die temporäre Anordnung

Bislang wurden sogenannte „temporäre Anordnungen" erlassen, um beispielsweise Baustellen oder Filmsets einzurichten und die verkehrliche Situation daran anzupassen. Mangels gesetzlicher Alternativen hat diese Genehmigungsform in einigen Vorreiterkommunen nun auch Einzug in die Verkehrspolitik gehalten. Hier werden temporäre Anordnungen eingesetzt, um Visionen der Verkehrswende sichtbar und erlebbar zu machen.

Sie sind damit zu einem tauglichen Mittel geworden, Verkehrsflächen neu aufzuteilen und diese Aufteilung – wenn nötig – auch wieder zu revidieren. Die Akzeptanz (oder auch die Nichtakzeptanz) der erprobten Maßnahmen kommt durch die reale Beteiligung, d. h. vor allem die tatsächliche Nutzung durch die Bürgerinnen und Bürger, zum Ausdruck. So bieten Spielstraßen, saisonale Sommerstraßen und Pop-up-Radwege die Möglichkeit, Straßen wieder lebendiger und sicherer zu machen.

Fotos: Matthias Heskamp

Die Politikthese

Mittelfristig: Neue Argumente

Ging es in den vergangenen Jahrzehnten noch um weiche Argumente wie Aufenthaltsqualität, Verkehrssicherheit und mehr Platz für Menschen statt Autos, führt unser mangelnder Einsatz im Kampf gegen die Klimakrise mittlerweile zu einem neuen traurigen Hauptargument für befreite Straßen, das eingeklagt werden kann.

Am 29. April 2021 stellten die höchsten deutschen Richterinnen und Richter in ihrem Urteil zum Klimaschutzgesetz der Bundesregierung fest, dass eine generationengerechte Verteilung der Aufgaben und Belastungen zur Bewältigung der Klimakrise darin nicht gewährleistet wird. Demnach müssen die Zielvorgaben für die Reduktion von klimaschädlichen Emissionen zeitlich so ambitioniert und verbindlich formuliert werden, dass künftige Generationen nicht in ihren Freiheitsrechten beschränkt werden. Das heißt: Klimaschutzmaßnahmen dürfen nicht auf die lange Bank geschoben werden. Sie sind angesichts der absehbaren und teilweise schon jetzt nicht mehr beeinflussbaren Temperaturveränderungen mit konkreten Zielvorgaben nicht nur bis 2030, sondern auch darüber hinaus festzulegen (vgl. Deutsche Umwelthilfe 2022).

Das Klimaschutzgesetz-Urteil des Bundesverfassungsgerichts ist damit eine wichtige (weitere) Argumentationsgrundlage, um die Straße zu befreien. Denn auch im Verkehr müssen Reduktionsziele mit rechtsbindender Kraft definiert werden. Befreite Straßen tragen zu einer generationengerechten Verteilung der Aufgaben und Lasten des Klimaschutzes bei, indem sie mit unmittelbarer Wirkung CO_2 einsparen.

Der Beschluss des Bundesverfassungsgerichts verpflichtet alle politischen Akteurinnen und Akteure, nicht nur die Bundesregierung, dazu, wirksamen Klimaschutz zu betreiben. Er verstärkt zudem die Legitimation für den Abbau von lieb gewonnenen Privilegien wie der privaten Inanspruchnahme versiegelter öffentlicher Flächen. Er bietet konkret auch die Möglichkeit, im Sinne von mehr Klimaschutz im Verkehr den Rechtsweg zu gehen.

Für Kommunen ist es mittelfristig sinnvoll, Allianzen mit Gleichgesinnten zu suchen. Ein Beispiel für eine starke Allianz ist der Verbund aus Städten und Gemeinden „Lebenswerte Städte durch angemessene Geschwindigkeiten", der sich für eine innerstädtische Tempobegrenzung auf 30 km/h einsetzt. Die Initiative erzeugt parteiübergreifend eine deutschlandweite Strahlkraft und bündelt Ressourcen und Wissen zur Umsetzung befreiter Straßen.

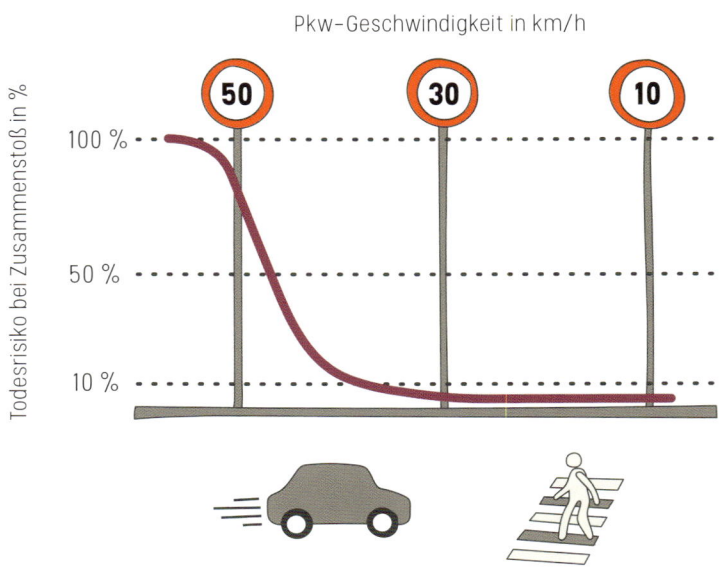

Die Politikthese

Langfristig: Der große Wurf

Vom Ziel einer zukunftsfähigen Mobilität mit weniger Fahrzeugen und mit einem drastisch geringeren Ressourceneinsatz sind wir noch weit entfernt. Bisher fehlt auch noch der dafür nötige gesetzliche Rahmen.

Ein zentrales Problem des aktuellen rechtlichen Rahmens der Verkehrsentwicklung in Deutschland ist, dass er nicht darauf ausgerichtet ist, das Ziel einer insgesamt zukunftsfähigen Mobilität zu erreichen. Die Verkehrswende ist rechtlich und planerisch überhaupt nicht abgesichert. Die Planung der Verkehrsträger erfolgt eben nicht nach einem gemeinsamen integrierten Konzept und Leitbild. Vielmehr sind die Verkehrspolitik und ihre Zuständigkeiten einerseits horizontal (Bund, Länder, Gemeinden) und andererseits sektoral (Straße, Schiene, Wasserstraße, Luftverkehr) zersplittert.

Für eine nachhaltige und zukunftsorientierte Verkehrsplanung ist es notwendig, im Bereich Verkehr auch rechtlich in der Umsetzung von Maßnahmen verbindliche Prioritäten zu setzen.

Im Februar 2022 hat der Verkehrsclub Deutschland (VCD) einen Gesetzesvorschlag für ein Bundesmobilitätsgesetz (BuMoG) vorgelegt, um eine umfassende Reform des Rechtsrahmens im Bereich Verkehr und Mobilität anzustoßen (vgl. Hermes et al. 2022). Damit ist ein Anfang gemacht.

Grafik Seite 118

Eine Tempodrosselung von 50 km/h auf 30 km/h innerorts verringert nicht nur das Risiko tödlicher Verkehrsunfälle radikal, es halbiert auch die Lärmemissionen und schafft darüber hinaus Anreize, weniger Wege mit dem Auto und mehr mit ökologischeren Fortbewegungsmitteln zu erledigen (Davis 2001).

Die Politikthese

(Gegen-)Argumente im Überblick

Nicht alle Bevölkerungsgruppen begrüßen es, wenn Radverkehr und Zufußgehen gefördert und gleichzeitig der fließende und der ruhende Autoverkehr reglementiert werden. Skeptiker äußern ihre Einwände teils lautstark. Als Stadt und Verwaltung braucht es kommunikatives Taktgefühl und die richtigen Argumente, um Einwänden zu begegnen. Diese Einwände gegen die befreite Straße sind besonders häufig:

„Wenn der Autoverkehr in bestimmten Quartieren eingeschränkt wird, wird es in umliegenden Quartieren umso voller."

Das ist ein zunächst verständlicher Gedanke, denn der Autoverkehr wird ja nicht einfach verschwinden – oder etwa doch? Studien aus aller Welt belegen tatsächlich das Phänomen von „verschwindendem Verkehr" (vgl. EC 2004; Cairns et al. 1998; Cairns et al. 2002). Darin wurde anhand einer Vielzahl internationaler Beispiele gezeigt, dass temporäre Straßenschließungen oder Verkehrsumleitungen (z. B. für Bauarbeiten oder nach Naturkatastrophen) zu einem durchschnittlichen Nachlass des Autoverkehrs von 25 Prozent führen.

Grundsätzlich gilt, dass sich das Verkehrsaufkommen den Kapazitäten der Straßen anpasst. Größere und breitere Straßen ziehen mehr Autos an. Dieser Effekt ist seit den 1960er Jahren bekannt als „Braess-Paradox" (vgl. Braess 1968). Umgekehrt schrecken kleinere und schmalere Straßen offenbar auch Autofahrende ab. Wir können also komplexe Reaktionen auf Veränderungen beobachten, was unsere Anpassungsfähigkeit unterstreicht – und Mut macht für die Umsetzbarkeit des Manifests der freien Straße.

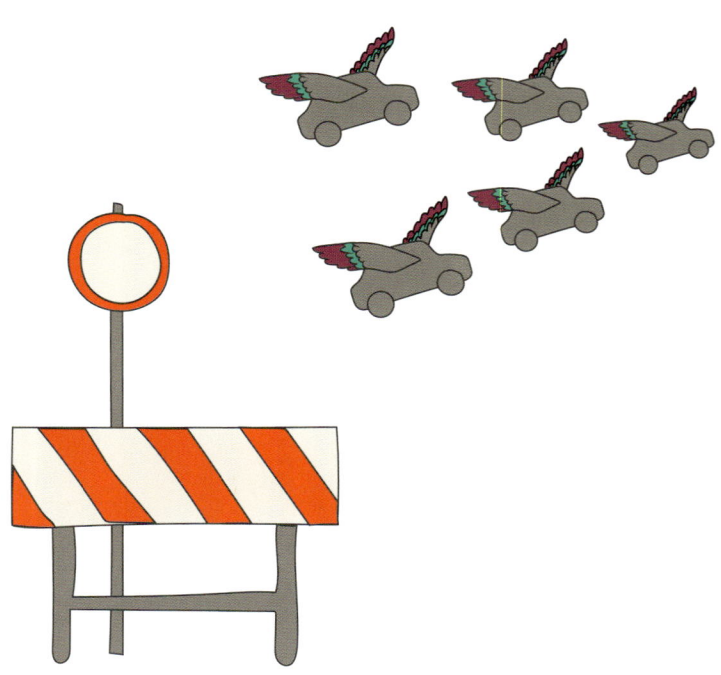

Die Politikthese

„Wie soll das denn mit dem zunehmenden Lieferverkehr funktionieren, wenn Parkplätze verschwinden und Straßen kleiner werden?"

Auf befreiten Straßen sind nur Menschen mit dem Auto unterwegs, die auch wirklich darauf angewiesen sind. Das führt dazu, dass die Straßen nicht so ausgelastet sind und der Verkehr somit deutlich effizienter ist – auch der Lieferverkehr.

Gut, das ist noch Zukunftsmusik. Aber schon aktuell experimentieren große Logistikunternehmen, wie sich der Lieferverkehr in dichten urbanen Räumen effizienter gestalten lässt. Dabei kommen schon heute E-Lastenräder, mobile Mikrodepots und zum Teil sogar autonome Lieferroboter zum Einsatz (vgl. Siems 2019; AFP 2017).

Nichtsdestotrotz ist die Befürchtung vor allem bei Gewerbetreibenden verbreitet, dass in autoreduzierten Nachbarschaften logistische Komplikationen mit dem Lieferverkehr entstehen. Vor allem, wenn es um das Be- und Entladen großer Lieferungen geht (vgl. Siebert & Tiegs, 2021). Verkehrskonzepte sind tatsächlich komplexe Angelegenheiten, weshalb der erste Entwurf oft noch Fehler hat. Das gilt auch für Lade- und Lieferzonen. Diese müssen gut platziert sein und von unberechtigt haltenden Fahrzeugen konsequent freigehalten werden. Deshalb ist es sinnvoll, größere Eingriffe in den Verkehr zunächst für eine begrenzte Zeit zu planen, um dann entweder korrigieren, verändern, auf jeden Fall aber qualifiziert über Abbruch oder Verstetigung entscheiden zu können. Experimentelle Formate wie Pop-up-Ladezonen bieten sich an.

Die Politikthese

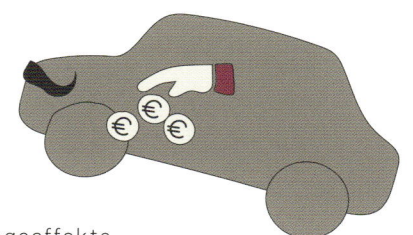

„An befreiten Straßen zu wohnen, können sich doch wieder nur die Reichen leisten!"

Viele Menschen haben Angst, dass mit einer Verschönerung ihrer Nachbarschaft die Mieten steigen, ihr Einkommen dann nicht mehr ausreicht und sie somit aus der Stadt verdrängt werden. Diese Entwicklung, auch Gentrifizierung genannt, war und ist in der Tat in den vergangenen Jahren in einigen Städten zu beobachten. Doch sind kausale Zuordnungen mit Vorsicht zu genießen. Denn obwohl Straßenverschönerungen zu lokalen Mietpreiserhöhungen führen können, ist der Anteil daran oft eher gering (vgl. Buchanan et al. 2007). Größeren Anteil scheinen andere Faktoren wie das Zinsniveau, Marktschwankungen oder eine neue zusätzliche Transportinfrastruktur zu haben (vgl. Carmona et al. 2018). Schließlich ist es fraglich, ob tatsächlich auf Verkehrsberuhigungen verzichtet werden sollte, um potenzielle Gentrifizierungseffekte ausschließen zu können. Da müssten doch eher ein wirksamer Schutz für Mieterinnen und Mieter sowie eine an sozialen Zielen orientierte Wohnungsbaupolitik greifen.

Dennoch ist es sinnvoll, für Verkehrsberuhigungsprojekte nicht ausschließlich gut-situierte Innenstadtquartiere in den Blick zu nehmen, sondern bewusst auch sozial schwächere Gegenden durch Umgestaltung attraktiver zu machen. Dies kann die soziale Segregation verringern. Denn befreite Straßen sollen zu einem besseren Leben für alle führen, insbesondere für die weniger Wohlhabenden. Genau diese leben derzeit vor allem an Orten mit hohem Verkehrsaufkommen und geringer Aufenthaltsqualität.

„Befreite Straßen locken doch nur Touristinnen und Touristen an, für die Nachbarschaft sind sie ein Ärgernis."

In der Tat hört man von einigen Anwohnerinnen und Anwohnern kürzlich befreiter Straßen, unter anderem aus Kopenhagen (vgl. Andersen, 2020) und Madrid (vgl. Conquero & Ruiz 2019), dass diese viele Touristinnen und Touristen anziehen. Die positiven Effekte werden so für die dort ansässigen Menschen wegen des daraus resultierenden Lärms überlagert. Das ist umso ärgerlicher, da befreite Straßen eigentlich weniger Lärm und mehr Ruhe bieten sollen. Auch wenn eine Geräuschkulisse, die von Menschen und nicht von Motoren stammt, zwar zu einer befreiten Straße dazugehört, kann es zum Problem werden, wenn sich zu viele Menschen auf zu kleinem Raum ansammeln. Das ist nicht zuletzt ein Hinweis darauf, dass es zu wenig befreite Straßen gibt. Die Lösung für dieses Problem: mehr befreite Straßen!

Die Politikthese

„Autos sind doch der beste Indikator für ein florierendes soziales Miteinander!"

Auch wenn wir es uns nach Jahrzehnten der Vorherrschaft durch Autos nur schwer vorstellen können, sind Studienergebnisse aus den USA und dem Vereinigten Königreich überraschend eindeutig. Sowohl in San Francisco (Appleyard & Lintell 1972) als auch in Bristol (Hart & Parkhurst 2011) wurde nachgewiesen, dass die Anzahl der sozialen Kontakte von Anwohnerinnen und Anwohnern einer Straße stark mit dem täglichen Aufkommen von motorisiertem Individualverkehr zusammenhängt. Auf stark befahrenen Straßen haben Anwohnerinnen und Anwohner mindestens ein Drittel weniger Freunde und Bekanntschaften als auf Straßen mit einem geringem Verkehrsaufkommen.

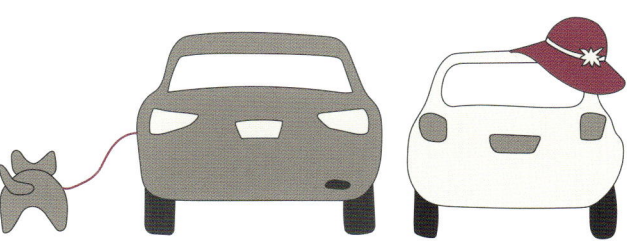

„Und was ist mit den Menschen, die gesundheitlich auf ihr Auto angewiesen sind?"

Nun gibt es in einer alternden Gesellschaft eine wachsende Zahl von Menschen, die wegen gesundheitlicher Probleme auf ein Auto angewiesen sind. Manche können sich auf längeren Strecken nur noch mithilfe von Autos bewegen, während sie im Nahbereich einer Unterstützung durch Rollatoren oder Rollstühle bedürfen. Vor allem für diese Menschen bieten befreite Straßen einen eindeutigen Mehrwert. Zum einen wird es einfacher und sicherer, sich so im verkehrsberuhigten unmittelbaren Umfeld der Wohnung zu bewegen. Barrierefreiheit ist dafür eine Voraussetzung. Zum anderen ist es ja auch auf befreiten Straßen möglich, langsam und umsichtig bis zur Wohnung vorzufahren. Denn wer wirklich auf das Auto angewiesen ist, sollte es auch weiterhin nutzen können. Würden nicht mehr alle Menschen ständig Autos nutzen und viele Flächen belegen, hätten diejenigen freie Fahrt, die wirklich auf das Auto angewiesen sind.

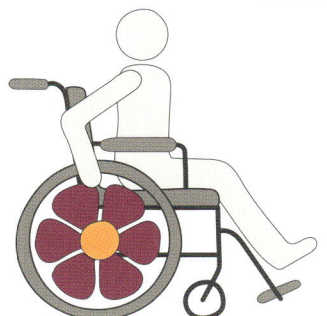

Die Politikthese

„Fahrradfahrerinnen und Fahrradfahrer machen, was sie wollen. Überlassen wir ihnen die Straße, wird es noch chaotischer zugehen!"

Rücksichtslose Verkehrsteilnehmende gibt es, auch unter Radfahrenden. Dass Radfahrende bisweilen als besonders chaotisch auffallen, liegt auch an der derzeitigen Infrastruktur für den Radverkehr. Sie ist oft uneindeutig, diskontinuierlich und schlichtweg nicht ausreichend. Wo Radwege einfach so aufhören, bleibt den Radlerinnen und Radlern kaum etwas anderes übrig, als sich durchzuschlängeln.

Sichere und vernetzte Radwege, Vorrang an Kreuzungen und Barrieren zu den Bereichen der Zufußgehenden sind die bewährten Rezepte. Ein Besuch in Kopenhagen oder den Niederlanden zeigt, dass die Fahrweise der Radfahrenden umso geordneter und vorhersehbarer ist, je besser die Infrastruktur auf einen regen Fahrradverkehr ausgelegt ist.

„Mit den Veränderungen im Straßenbild und Verkehr wird es schwirig zu erkennen, was man darf und was nicht!"

Jede Neuerung im öffentlichen Raum verunsichert uns zunächst. Wir brauchen oft eine Weile, bis wir uns an grundlegende Veränderungen gewöhnen und sie verinnerlichen – so wird es auch mit den befreiten Straßen sein. Das ist nicht verwunderlich, wenn man bedenkt, wie lange wir Zeit hatten, uns an die heutige Straßenkonfiguration und Verkehrsregeln zu gewöhnen.

Im Umkehrschluss sollte dies jedoch nicht bedeuten, dass Veränderung nicht stattfindet, nur weil sie uns nicht vom ersten Moment an intuitiv richtig erscheint. Je mehr befreite Straßen wir schaffen, desto einfacher wird man sich auch darauf bewegen können.

Die Politikthese

AUS „TROTZ" WIRD „WEGEN"

Schon heute gibt es viele Projekte und Ansätze für (zumeist zeitweise) befreite Straßen. Es gibt auch Menschen, die sich täglich ohne Auto durch die Stadt bewegen. Allerdings tun sie das oft nicht wegen, sondern trotz der Aufteilung des Verkehrsraums. Würde man diese Transformation zu einer zukunftsfähigen Mobilität nun auch noch mutig politisch flankieren, könnte der Wandel schneller gehen als gedacht. Ein Szenario.

Es gibt sie, die Projekte zur Verkehrswende vor Ort. Oft sind städtische Modellprojekte, Reallabore und Pilotversuche aber nur Nischenprojekte. Oft ist ihnen sofort anzusehen, dass sie zwar gut gemeint sind, aber doch nicht von Dauer sein sollen. Schwer zu glauben, dass sie tatsächlich zu Blaupausen für die Gestaltung der öffentlichen (Straßen-)Räume werden sollen.

Doch nehmen wir mal an, die lokale Verkehrswende würde auf der politischen Agenda priorisiert: Beflügelt (oder vielmehr getrieben) von den großen globalen Herausforderungen und ausgestattet mit einer Reihe von Gesetzesnovellen und Fördertöpfen. Nehmen wir mal an, die deutschen Städte würden in eine ehrgeizige Entwicklungsphase starten und die mehr als ein halbes Jahrhundert ausgebaute Vormachtstellung des privaten Autos radikal kappen. Es könnte so aussehen:

In quasi jeder deutschen Stadt werden gemäß neuem Bundesrecht stadtweite (ganzstraßige) Netze für Zweiräder (Fahrräder, Roller, E-Vespas etc.) angelegt, und eine sozialverträgliche, aber starke schrittweise Preisanhebung für das Abstellen privater Pkw auf öffentlichen Flächen wird umgesetzt. Man merkt die großen Investitionen in den Nahverkehr und die Unterstützung der Sharing-Systeme auch dort, wo sie bislang nicht profitabel waren, sowie viele weitere Schritte, die zuvor jahrelang herausgezögert wurden.

Es ist dieses Bündel von Maßnahmen, das für erste Spielräume auf der Straße sorgt: In der Folge werden diese Spielräume zu Orten, die der Bewohnerschaft Wege ersparen. Eine umfassende Nahversorgung und -erholung ist der Schlüssel zur Einsparung vieler täglicher Fahrten. Kommunal kuratierte Erdgeschosse sowie Pavillons (auf ehemaligen Autostellplätzen) werden zu Markthallen mit regionalen Lebensmitteln, komfortablen Co-Working-Arbeitsplätzen für Anwohnerinnen und Anwohner, Werkstätten, Manufakturen, offenen Treffpunkten oder zu Sammelstellen für die wachsenden Cradle-to-Cradle-Kreisläufe. Beim Radius der vorhandenen Nahversorgung unterbieten sich die Kommunen gegenseitig – man positioniert sich nun sogar als 3-Minuten-Stadt oder 250-Meter-Metropole. Die Dezentralität einer Stadt bzw. die Nähe zu allem, was alltäglich gebraucht wird, ist das Kriterium für Lebensqualität.

Rasch wird sich die Debatte um die Nutzung des öffentlichen Raums von der Mobilität wegentwickeln. Stattdessen werden Klima- und Wirtschaftsfragen ganzheitlich betrachtet. Diese Perspektive wird zur Schlüsselkompetenz der europäischen Stadtgesellschaft im 21. Jahrhundert. Kommunen, die ihre Flächen klug vergeben und es schaffen, Zusammenhalt in den Quartieren zu säen, profitieren von innovationsstarken Mikrokosmen – produktiven nachbarschaftlichen Gemeinschaften, die sich den stetigen Veränderungsprozessen adäquat anzupassen wissen.

Visionen haben und darüber sprechen
Die Devise lautet: Mehr als nur den Status quo verwalten! Politik und Verwaltung brauchen Strategien und Visionen sowie eine gute Vermittlungsarbeit, um den öffentlichen Raum ihrer Kommunen zukunftsfähig zu machen. Regelmäßig angebotene Ortsbegehungen eignen sich besonders gut, um den Bürgerinnen und Bürgern Ideen und Pläne vorzustellen. Durch sie entsteht ein Diskurs, und die Nachbarschaft gewinnt eine neue Perspektive auf ihren Alltagsort.

Patinnen, Partnerschaften und Allianzen
Eine moderne Stadtverwaltung ist transparent und offen. Gremien können externe Teilnehmerinnen und Teilnehmer zulassen und früh zielgerichtet Feedback einholen und dieses evaluieren – gleichzeitig aber auch Verantwortung übernehmen und den Prozess führen. Veränderungsprozesse im öffentlichen Raum brauchen Anlaufpunkte in den Quartieren, also Bürgerräte, lokale Ansprechpartnerinnen und starke Projektpaten.

Aktionen und Installationen
(Regelmäßige) Aktionen eignen sich, damit Bürgerinnen und Bürger die Vorteile einer autofreien Stadt spielerisch erleben können. Gute Beispiele für Aktionstage oder -wochenenden sind Spielstraßen, Schulstraßen, der internationale „Park(ing) Day" oder der „Tag des guten Lebens", den es in mehreren Städten in Deutschland bereits gibt. Am besten funktioniert es, wenn die Aktion mit Kultur oder Sport verbunden ist und viele Menschen aus der Nachbarschaft sowie Gewerbetreibende und Vereine mitwirken.

Reallabore, Experimentierräume und befristete verkehrliche Interventionen
Verkehrliche Veränderungen müssen erprobt werden – idealerweise angelegt auf mehrere Monate, damit sich Routinen bei den Nutzenden einstellen können. Bei zu kurzen Aktionen lässt sich oft gar nicht prognostizieren, wie die Maßnahme langfristig wirkt.

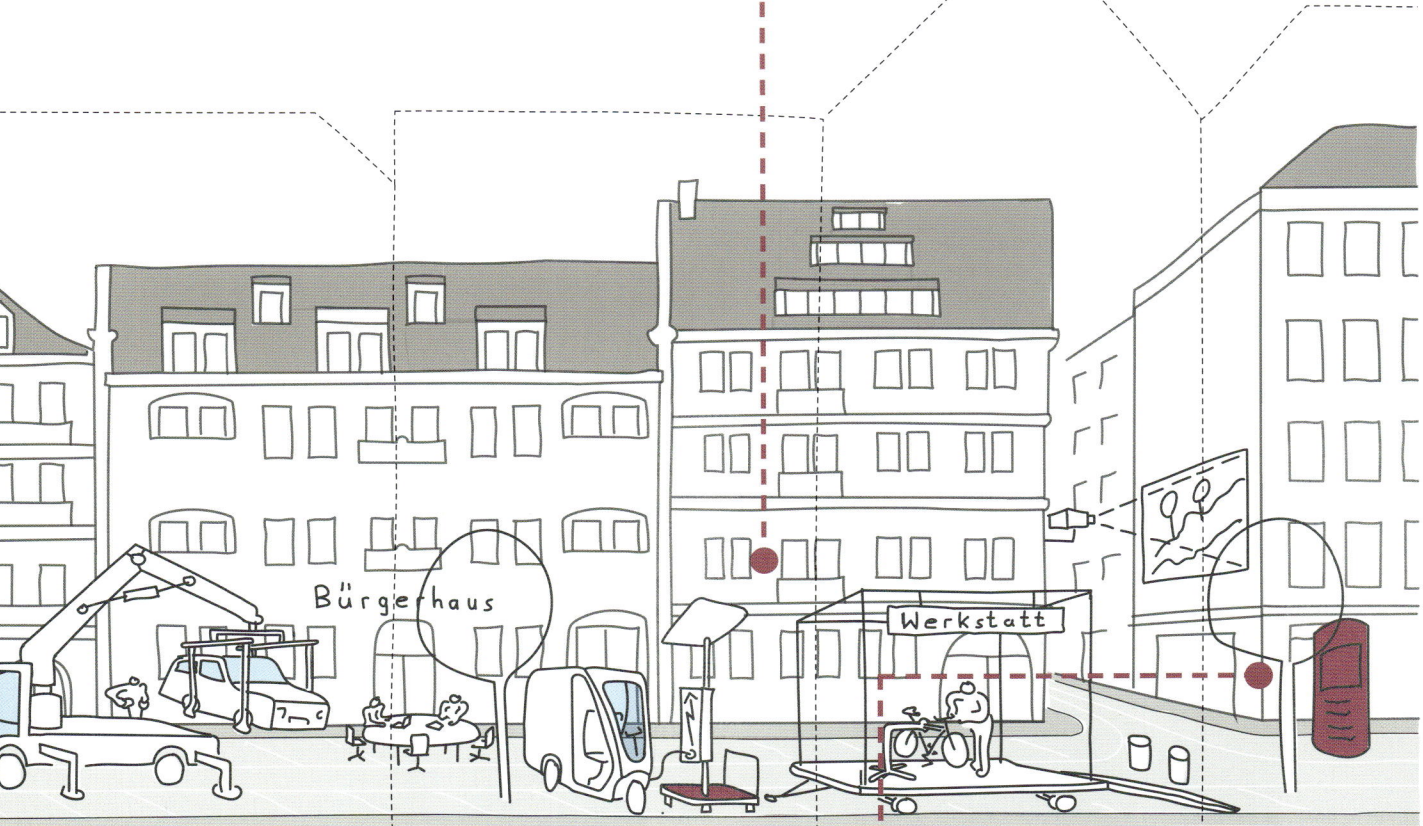

Diskurs
Die Nutzung des öffentlichen Raums wird bislang kaum thematisiert und gesellschaftlich verhandelt. Neben Massenmedien wie Zeitung, TV und Internet eignen sich Plakatkampagnen, ähnlich denen, die man von Autobahnen kennt. Direkt an den Stadtstraßen platziert, haben sie das Potenzial, das Mobilitätsverhalten der Autofahrenden samt Sicherheits-, Gesundheits-, Klima- und Nachbarschaftsaspekten kritisch zu hinterfragen. Auch spezielle Kampagnen für den Einzelhandel sind wichtig, um mit den verbreiteten Vorurteilen gegenüber autofreien Straßen aufzuräumen.

MAI (38) IST STADTRÄTIN EINER GROSSSTADT UND ABTEILUNGSLEITERIN FÜR STRASSENBAU.

MIT BLICK AUF DIE STRASSE, IN DER SIE AUFWUCHS, TRÄUMTE SIE SCHON ALS KIND DAVON, DIE WELT ZU VERÄNDERN.

AUCH WENN SIE HEUTE EINE POSITION ERREICHT HAT, IN DER SIE EINEN ECHTEN UNTERSCHIED MACHEN KÖNNTE, IST ES UNHEIMLICH SCHWIERIG, DIE VISIONEN EINER LEBENSWERTEN STADT ZU REALISIEREN.

MAI MUSS SICH JEDEN TAG AUFS NEUE MOTIVIEREN ...

DENN BEI JEDER IHRER AMTSHANDLUNGEN KÄMPFT SIE MIT EINER GANZEN ARMADA VON VORSCHRIFTEN UND RESSOURCEN – UND ZEITINTENSIVEN PROZESSEN, OHNE AUSREICHEND MITARBEITERINNEN UND VERBÜNDETE ZU HABEN.

SEITDEM DIE STRASSEN „BEFREIT" WURDEN, SIND VIELE MENSCHEN MAI SEHR DANKBAR, UND SIE IST TEIL EINES STARKEN NETZWERKS AUS ENGAGIERTEN FORSCHENDEN, INITIATIVEN UND STADTVERWALTUNGEN.

DA SIE DURCH BESSERE PROZESSABLÄUFE MEHR ZEIT HAT, SCHAUT SIE SICH JEDEN TAG EIN VIERTEL IN IHRER STADT AN UND SPRICHT MIT DEN MENSCHEN VOR ORT ÜBER DEREN BEDÜRFNISSE UND VERBESSERUNGSWÜNSCHE.

GRUNDLAGE FÜR DIESEN WANDEL IST EIN POLITISCHER WILLE, DER DAS LEBEN UND DIE GESUNDHEIT VON MENSCHEN UND NATUR IN DEN MITTELPUNKT STELLT UND VERWALTUNGEN BEI DER UMSETZUNG UNTERSTÜTZT.

GLOSSAR
Weiterführende Fachbegriffe

Cradle-to-Cradle-Kreisläufe
sind Wirtschaftsprozesse, die von der Gewinnung der für die Produktion und Verwendung nötigen Rohstoffe („cradle") über die Herstellung und die Nutzungsphase bis zum Recycling und zur Wiederverwendung der verwendeten Materialen („cradle") reichen und damit im Idealfall keine Abfälle und Reststoffentsorgung verursachen.

Experimentierklauseln und temporäre Anordnungen
werden eingesetzt, um außerhalb der üblichen (und oft langwierigen) Verkehrsplanungen verkehrspolitische Maßnahmen und vor allem neue Konzepte umzusetzen und zu erproben, die zeitlich begrenzt und prinzipiell revidierbar sind.

Klimagesetz-Urteil des Bundesverfassungsgerichts
Dieses Urteil aus dem Frühjahr 2021 verpflichtet alle staatlichen Akteure darauf, einen so wirksamen und verbindlichen Klimaschutz zu betreiben, dass künftige Generationen nicht in ihren Freiheitsrechten beschnitten werden. Mit diesem Grundsatzurteil lassen sich auch tiefgreifende Eingriffe in die Verkehrswirklichkeit mit dem Ziel, signifikante CO_2-Emissionsreduktionen zu erreichen, begründen. Eine rechtliche Bewertung, wie weit diese Eingriffe reichen dürfen, steht noch aus.

Mobilitätsgesetz
Die Rolle des Mobilitätsgesetzes auf Landes- oder Bundesebene besteht u. a. darin, ein neues Gleichgewicht zwischen den Verkehrsträgern zu schaffen und den Radverkehr sowie den öffentlichen Personennahverkehr (ÖPNV) gesetzlich zu stärken. Im Berliner Mobilitätsgesetz (MobG BE) wurde 2018 erstmals in einem deutschen Bundesland der Vorrang des Umweltverbundes aus ÖPNV, Fuß- und Radverkehr vor dem Pkw festgeschrieben.

Verkehrsberuhigte Bereiche
sind Zonen, in denen Fußgänger und Fahrzeuge gleichberechtigt sind. Fußgänger dürfen hier die ganze Straße nutzen und Fahrzeuge nur mit Schrittgeschwindigkeit (max. 10 km/h) fahren. Er wird durch ein viereckiges blau-weißes Schild markiert; der Bereich wird umgangssprachlich häufig als Spielstraße bezeichnet.

LITERATUR

Wichtige Leitfäden für Kommunen

ADFC-Expertenbereich — Diese Seite bietet eine Datenbank an Fachinformationen zum Thema der Verkehrswende. Durch eine einfache Schlagwortsuche wird ein breites Spektrum an Inhalten zur Verfügung gestellt.

Agenda: „Nachhaltige städtische Mobilität für alle" — Ein zentrales Positionspapier der Vereinigung „Deutscher Städtetag" aus dem Jahr 2018. Der Deutsche Städtetag bildet eine starke Allianz, die sich für lebenswerte Städte einsetzt und sich aktuell für ein Tempo 30 außerhalb von Hauptverkehrsstraßen engagiert. Das Positionspapier verdichtet Fakten und legt Aufgaben fest, die für eine nachhaltige und bezahlbare Mobilität in Städten umgesetzt werden müssen.

Anleitung: „Wie lassen sich Pop-Up-Radwege in 10 Tagen umsetzen?" — Das Beratungsunternehmen Mobycon hat sich ausführlich mit den Pop-up-Radwegen in Berlin-Friedrichshain und -Kreuzberg beschäftigt und eine anschauliche Handreichung in Zusammenarbeit mit dem Bezirksamt Friedrichshain-Kreuzberg herausgegeben. Die meisten der Pop-up-Radwege in Berlin wurden mittlerweile verstetigt - damit wird deutlich, dass temporäre Konzepte eine langfristige Wirkung für die Förderung von nachhaltiger Mobilität erzielen können.

Innovationsbaukasten der Begleitforschung „Nachhaltige Mobilität" — Der Baukasten bietet als agiles Tool einen Zugang für kommunale Mobilitätsprojekte zu Informationen, Studien und Praxisbeispielen zu nachhaltigen Mobilitätskonzepten. Er wird fortwährend erweitert und durch Erkenntnisse aus den begleiteten kommunalen Projekten ergänzt.

Leitfaden: „Quartiersmobilität gestalten: Wie reduziert man Verkehrsbelastungen und gewinnt Flächen?". Eine Fachbroschüre herausgegeben vom Umweltbundesamt (2020) — Hier sind konkrete Praxiserfahrungen und Hinweise von Kommunen und Initiativen zur Umgestaltung des Straßenraums eingeflossen. Der Leitfaden beschreibt anschaulich konkrete Maßnahmen und die rechtliche Rahmung durch die Straßenverkehrs-Ordnung. Er bietet Hinweise, wie Mobilitätskonzepte entwickelt und die passenden Akteure aktiviert werden können. Auch der Umgang mit Gegenargumenten ist Teil dieser Broschüre.

UM STRASSEN ZU BEFREIEN, BRAUCHT ES PIONIERE.

WIR ALLE KÖNNEN DIESEN KULTURWANDEL MITGESTALTEN.

Die Beteiligungsthese

VERKEHRSWENDE BRAUCHT BETEILIGUNG

Um Städte auch im Verkehrsbereich klimaneutraler zu machen und die Gesundheit der Menschen zu verbessern, bedarf es großer Veränderungen, die uns in unserer Alltagsmobilität unmittelbar betreffen werden. Anders als früher die Entwicklung hin zur autogerechten Stadt sollten Bürgerinnen und Bürger diesen Veränderungsprozess heute aktiv mitgestalten können. Die Verkehrswende geht alle etwas an!

Über mehr als ein halbes Jahrhundert wurden deutsche Städte laufend umgebaut, um den vielen Autos gerecht zu werden. Es entstanden immer breitere Straßen, neue Umgehungsstraßen und Tangenten, dazu Parkplätze in beinahe jedem Winkel und auf großen Freiflächen. Diese gewaltigen Eingriffe in den öffentlichen Raum geschahen zu einer Zeit, in der die Vorteile des automobilen Verkehrs überbetont, die Nachteile dagegen verharmlost wurden. Gesundheitliche, soziale und wirtschaftliche Kosten und Risiken wurden verschwiegen und waren für die Bevölkerung nur schwer greifbar. Umweltschäden schien es gar nicht zu geben. Zudem beschränkte sich die Einflussnahme von Bürgerinnen und Bürgern auf verkehrspolitische Richtungsentscheidungen zumeist nur auf die Wahl des kommunalen Parlaments.

Inzwischen hat sich dieses Verständnis stark gewandelt. Repräsentative Umfragen wie im Rahmen des Ariadne-Projekts, in dem jährlich mehr als 6800 Menschen in ganz Deutschland befragt werden, zeigen, dass sich sieben von zehn Personen wünschen, mehr an Entscheidungen zur Verkehrswende vor Ort beteiligt zu werden (vgl. Wolf et al. 2021). Das ist gut, denn Bürgerinnen und Bürger, die sich beteiligen, identifizieren sich eher mit einem sie betreffenden Vorhaben und übernehmen Eigenverantwortung für das, was in ihrem Umfeld entsteht. In Planungs- und Bauprozessen wird dieses Phänomen auch als „ownership" (übersetzt „Eigentümerschaft") bezeichnet. Damit kann nachweislich ein Beitrag dazu geleistet werden, dass Projekte wie die Verkehrswende vor Ort erfolgreich sind (vgl. Lachapelle 2008; Grausam & Bernögger 2017).

Die Bürgerschaft will beteiligt sein. Von der lokalen Politik und Verwaltung muss die Bevölkerung allerdings frühzeitig mit ausreichend Informationen, Diskussionsangeboten, Visualisierungs- und Erfahrungsmöglichkeiten eingebunden und konsultiert werden. Dies kann zum einen im Rahmen von formellen, gesetzlich geregelten Verfahren erfolgen, wie beispielsweise bei Bürgerentscheiden oder beim Anrecht zum Kommentieren von Planungs- und Bauvorhaben. Zum anderen spielen hier informelle Beteiligungsformate eine wichtige Rolle, beispielsweise öffentliche Planungsworkshops, Bürgerräte oder Straßenparlamente. In Deutschland wurden z. B. auf nationaler Ebene (vgl. Bürgerrat Klima 2021) und werden in verschiedenen Städten wie z. B. in Berlin, Bonn, Mannheim, Frankfurt/M. immer mehr Klima-Bürgerräte eingesetzt. Auch viele andere europäische Städte setzen dieses Beteiligungsformat, bei dem eine Zufallsauswahl eingeladen wird, zur Mitwirkung bei der Bewältigung der Klimakrise ein. Formelle und informelle Beteiligung sollten zudem auch kombiniert werden (vgl. Böhm 2015).

Allerdings sollte Beteiligung nur dann eingesetzt werden, wenn auch Spielraum besteht, Empfehlungen aus der Bürgerschaft offen zu diskutieren und, soweit möglich, zu berücksichtigen. Beteiligung wäre

Die Beteiligungsthese

Top-down

Impuls zur Veränderung kommt aus Politik und Verwaltung

Formelle oder informelle Beteiligung von Bürgerinnen und Bürgern

Beteiligung an der lokalen Verkehrswende

Forderungen, Umsetzungsvorschläge und öffentlicher Druck

Impuls zur Veränderung kommt von Initiativen aus der Zivilgesellschaft

Bottom-up

ansonsten eine reine Akzeptanzbeschaffungsmaßnahme (vgl. Dienel et al. 2014).

Umgekehrt sollten Bürgerinnen und Bürger ihr Mitspracherecht an der Verkehrswende einfordern und selbst die Initiative ergreifen, wenn Politik und Verwaltung Betroffene außen vor lassen oder untätig bleiben. Es gilt dann, mit eigenen Forderungen und Vorschlägen öffentlichen Druck „von unten" auf Entscheidungsträgerinnen und -träger auszuüben. Dies kann durch vielfältige Aktionen im öffentlichen Raum, aber, auf formellem Weg, auch durch Petitionen und Bürgerbegehren erfolgen.

Im Diskurs um die Veränderung von Städten unterscheidet man zwei Prinzipien, das klassische Top-down-Prinzip (von oben nach unten) und das Bottom-up-Prinzip, bei dem die Anstöße zu Veränderungen „von unten" kommen – also von den Bürgerinnen und Bürgern. Letzteres ist in den vergangenen Jahrzehnten wichtiger geworden.

Die Beteiligungsthese

Die Macht der kleinen Schritte

Die mächtigste Form der Beteiligung ist es, selbst aktiv zu werden. Wie einfach, alltäglich und wirksam kleine Aktionen für die Verkehrswende sein können, dafür gibt es zahllose inspirierende Beispiele.

Raus mit der Malkreide!

Um dem Wunsch nach einer befreiten Straße nachzukommen, braucht es eine breite gesellschaftliche Debatte. Schreibe Botschaften auf den Asphalt und bringe Passantinnen und Passanten zum Nachdenken. Dazu werden lediglich Straßenkreide oder auch Schablonen und Sprühkreide sowie gute Ideen benötigt!

Bepflanze die Straße!

Grünflächen an Straßen sind oft Mangelware. Dagegen kannst du etwas tun: Bepflanze den offenen Boden rund um die Straßenbäume! Diese Baumscheiben in einen blühenden Minigarten zu verwandeln, freut nicht nur deine Nachbarinnen und Nachbarn, auch viele nützliche Insekten profitieren von dem zusätzlichen Nahrungsangebot und Unterschlupf. In vielen Städten brauchst du keine Genehmigung für das Bepflanzen. Informiere dich einfach durch einen Anruf beim Grünflächenamt deiner Stadt.

Möbel auf die Straße!

Es ist ein lauer Sommerabend und Freundinnen und Freunde kommen zu Besuch? Stelle deinen Tisch und Stühle auf einen Parkplatz, um im Freien zu dinieren und ein mutiges Statement für mehr Lebensqualität auf der Straße zu setzen! Achtung: Die Aktion sollte mit einem Anruf bei der Ordnungsbehörde angekündigt werden.

Bewegungen wie die Critical Mass unterstützen!

Die Critical Mass ist eine spontane, inoffizielle Fahrraddemonstration, die mittlerweile regelmäßig in vielen Städten der Welt stattfindet. Meist freitags treffen sich Menschen jeden Alters, um bei gemeinsamen Fahrradfahrten auf ihre Benachteiligung im Straßenverkehr aufmerksam zu machen und so ein Zeichen für mehr Sicherheit zu setzen. Dafür machen sie sich hierzulande § 27 der Straßenverkehrs-Ordnung zunutze, wonach eine Gruppe von mehr als 15 Radfahrenden einen Verband bildet, der als ein langes Fahrzeug gilt. Das erlaubt den Teilnehmenden, ganz entspannt nebeneinanderher zu fahren. Wo und wann eine Veranstaltung in deiner Nähe stattfindet, kannst du unter www.criticalmass.in nachschauen.

Die Veranstaltung gibt es unter dem Namen Kidical Mass auch für Kinder, in vielen Städten bereits wöchentlich!

Die Beteiligungsthese

Die Kraft der Vielen

Gemeinsam ist man stärker, weshalb sich hierzulande immer mehr Initiativen rund um das Thema öffentlicher Raum gründen. Für diese bürgerschaftlichen Zusammenschlüsse sind nur geringe gesetzliche Anforderungen zu berücksichtigen – zumeist braucht es eine Gründungsversammlung, einen Namen und ein gemeinsames Ziel, um als Initiative an der politischen Willensbildung mitzuwirken.

Beim Tag der Nachbarschaft mitmachen!

Seit 1999 nutzen Menschen in ganz Europa den jährlich zumeist am letzten Dienstag im Mai ausgerufenen Tag der Nachbarschaft, um gemeinsam mit ihren Nachbarinnen und Nachbarn unabhängig von Herkunft, Einkommen, Alter, sozialer Schicht oder religiöser Zugehörigkeit ein Fest zu feiern. Gemeinsame Aktivitäten wie diese stärken nicht nur das Miteinander, sondern zeigen uns auch, wie vielfältig unsere Nachbarschaften doch sein könnten.

Stadtteilfeste jeglicher Art bieten immer auch die Möglichkeit, Initiativen und ihre Aktionen kennenzulernen, sich über die Verkehrswende zu informieren und Kontakte zu knüpfen. Also: im Internet informieren, hingehen, mitmachen!

Auch interessant: Die Plattform www.nebenan.de hilft beim Vernetzen zwischen Menschen in der Nachbarschaft (im eigenen Postleitzahlengebiet für Nachbarinnen und Nachbarn kostenlos).

Petitionen und Anträge wie Fuß- und Radentscheide unterstützen!

In Deutschland werden aus der Bevölkerung heraus immer mehr sogenannte Rad- bzw. Fußentscheide auf den Weg gebracht. Das sind Volksentscheide über Gesetzesentwürfe, mit denen die Infrastruktur für den Rad- und Fußverkehr besser und sicherer gemacht werden soll. Bis Anfang 2022 wurde bereits in 50 Städten abgestimmt, darunter z. B. in Dresden, Hamburg, Rostock, Schwerin, Erlangen, München und Berlin (vgl. Changing Cities o. J.). Insgesamt haben bereits eine Million Menschen in Deutschland für ihren lokalen Fuß- oder Radentscheid abgestimmt. Hat deine Stadt schon einen Fuß- oder Radentscheid?

Die Beteiligungsthese

Kiezblock durchsetzen!

Inspiriert von den erfolgreich eingeführten Verkehrsberuhigungen und Durchfahrtssperren in vielen innerstädtischen Wohngebieten von Barcelona, den sogenannten Superblocks, haben sich eine Reihe von Initiativen gegründet, die ähnliche Maßnahmen auch hierzulande fordern. In Berlin nennen sich diese Initiativen Kiezblocks. Ähnliche Bewegungen gibt es mittlerweile vielerorts. Sie dienen allesamt dazu, die Lebensqualität im eigenen Viertel zu erhöhen.

1. Initiative mit mindestens drei interessierten Anwohnerinnen und Anwohnern gründen.
2. Vision erarbeiten, wie ein möglicher Kiezblock aussehen kann, und mittels unterschiedlicher Beteiligungsstrategien Nachbarinnen und Nachbarn auf die Idee aufmerksam machen.
3. Den Plan zu einem Antrag ausformulieren, über den das jeweilige kommunale Parlament abstimmen kann.
4. Die kommunal gültige Mindestanzahl an Unterschriften in der Kommune sammeln.
5. Den Antrag und die Unterschriften bei der Kommune einreichen.

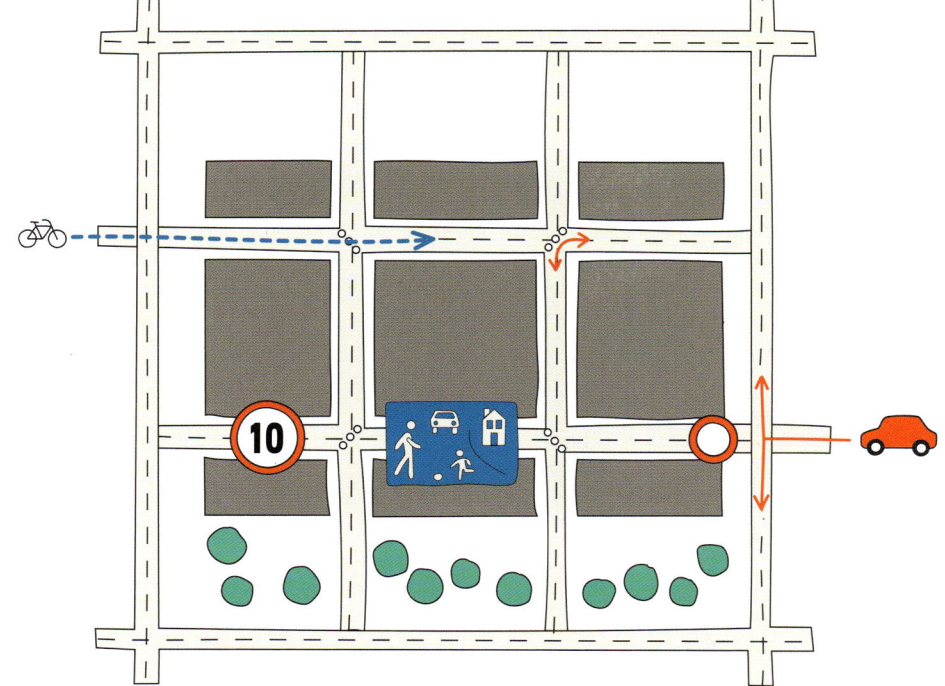

Mit relativ einfachen Maßnahmen wie Durchfahrtssperren, Einbahnstraßen und Tempolimits können Wohnviertel den motorisierten Durchgangsverkehr reduzieren und für das Zufußgehen und Fahrradfahren attraktiver gemacht werden. Es entsteht Raum für Aufenthaltsqualität, Aktivitäten und nachbarschaftliches Leben in den Straßen.

Die Beteiligungsthese

Parklet bauen!

Ein Parklet ist eine (grüne) Erweiterung des öffentlichen Gehwegs, welche anstelle von Parkplatzflächen mehr Raum für Menschen schafft. Die ersten Parklets wurden Anfang der 2000er Jahre in San Francisco eingerichtet, damals noch ohne irgendwelche Genehmigungen und mit der Vision, der allgegenwärtigen Übermacht der Autos kleine Oasen der Begegnung entgegenzustellen. Die Idee fand viele Nachahmerinnen und Nachahmer, und inzwischen unterstützen auch viele Kommunen entsprechende Initiativen auf ihren Straßen. Die erste Stadt in Deutschland war Stuttgart. Also:

1. Verantwortlichkeiten klären (mit einem kleinen Team einfacher als mit einer großen Gruppe).
2. Standort wählen (am besten etwas in der Nähe eures Zuhauses oder Büros).
3. Ideen entwickeln, wie die Fläche genutzt werden soll (Wie lange geht die Aktion, was habt ihr vor?).
4. Je nach städtischen Regularien Antrag beim Ordnungsamt ausfüllen oder Konzept (mit ein paar Präsentationsfolien zu Idee und Gestaltung) auf der kommunalen Ebene vorstellen.
5. Letzte Vorbereitungen treffen (Parkverbotsschilder werden gestellt oder können geliehen werden).
6. Aufbauen, Nachbarinnen und Nachbarn einladen und genießen ... und am Ende des Genehmigungszeitraums (zumeist im Herbst) auch wieder abbauen.

Einwohnerantrag stellen!

Auf kommunaler Ebene kann ein Einwohnerantrag den Gemeinde- bzw. Bezirksrat dazu verpflichten, sich mit Forderungen von Anwohnerinnen und Anwohnern zur Umsetzung der lokalen Verkehrswende auseinanderzusetzen. Gefordert werden kann jede Veränderung, für die die Gemeinde- bzw. Bezirksverwaltung zuständig ist, unter anderem die Verkehrs- und Bauplanung.

Beispielsweise könnt ihr fordern, für bestimmte Straßenabschnitte die Möglichkeiten für eine Verkehrsberuhigung zu prüfen, oder die Umnutzung einer öffentlichen Fläche (vgl. UBA 2020b). Einen Antrag zu stellen, heißt zwar nicht, dass die jeweilige Forderung im Interesse der oder des Antragstellenden umgesetzt werden muss – aber sie kann.

Außerdem sind schon die öffentliche Aufmerksamkeit und die politische Debatte über die Forderung ein Schritt in die richtige Richtung. Wie ein Antrag der Einwohnerschaft genau gestel.t werden muss und wie viele Unterstützungsunterschriften gesammelt werden müssen, hängt vom jeweiligen Bundesland ab. Mitunter können bereits junge Erwachsene ab 14 Jahren mit entsprechendem Wohnsitz einen Antrag einreichen, unabhängig von der Staatsangehörigkeit.

Die Beteiligungsthese

Reflexion statt Reflexe

Sich für die Verkehrswende und damit für eine umweltgerechtere Lebensweise einzusetzen, bedeutet in der Regel kein abstraktes politisches Engagement. Vielmehr beginnt Aktivismus damit, die eigene Situation zu betrachten und gewohnte Mobilitätsroutinen zu hinterfragen.

Welche Wirkung von stärkerer gesellschaftlicher Reflexion ausgehen kann, lässt die seit 2018 jährlich stattfindende Aktion Sommerflotte im Berliner Bezirk Charlottenburg-Wilmersdorf erahnen. Die Aktion ermöglicht es Autobesitzerinnen und -besitzern, vier Wochen lang Mobilitätsalternativen zu erproben, für die sie Gutscheine erhalten. Rund 30 Prozent derjenigen, die diese Aktion nutzen, entscheiden danach, sich tatsächlich und dauerhaft von ihrem Auto zu trennen (vgl. Sommerflotte 2019 o. J.).

Mögliche Reflexionsfragen:

- Wofür nutze ich mein Auto?
- Wie viele Stunden am Tag bzw. wie viele Tage in der Woche steht mein Auto nur herum?
- Wie viel Zeit am Tag, wie viel Zeit in der Woche brauche ich für die Parkplatzsuche?
- Wenn ich alle Kosten wirklich einbeziehe: Was kostet mich das Auto pro Jahr? Was würde ich einsparen, wenn ich statt meines Autos eine ÖPNV-Monatskarte hätte?
- Könnte ich viele meiner Wege vielleicht auch mit einem Fahrrad oder E-Fahrrad zurücklegen?
- Welche Angebote gibt es in meinem Umfeld, falls ich doch mal ein Auto brauche (offizielle Sharing-Angebote, privat mit anderen teilen)?
- Wie könnte mein Wohnviertel aussehen, wenn keine Autos mehr hindurchfahren oder hier parken würden?
- Was würde ich gerne in meinem Wohnviertel in Bezug auf den Autoverkehr ändern, wenn ich könnte, wie ich wollte?
- Welche Initiative würde ich gerne ergreifen, um diese Änderung voranzubringen?
- Wo gibt es schon eine Initiative, der ich mich anschließen kann?

Die Beteiligungsthese

VON BÜRGERMEISTERN ZU MEISTERBÜRGERN

Jede große gesellschaftliche Veränderung ist von Verunsicherung und Verlustängsten geprägt. Auch der Prozess hin zu autofreien Quartieren braucht Zeit, bis die positiven Effekte für die Bürgerinnen und Bürger überwiegen. Ein Szenario.

Als in den ersten urbanen Quartieren die Autos für Modellprojekte verschwinden, geht eine ausgiebige Phase der Vorbereitung und Erprobung zu Ende. Kleinere Reallabore, Umfragen und Gespräche mit Bürgerinnen und Bürgern sind den Modellprojekten vorausgegangen, die die Grundlage für die Maßnahmen gelegt haben. Und trotzdem gibt es nach Ablauf der sechs- bis zwölfmonatigen Modellversuche immer auch noch die Option einer Rücknahme der Maßnahmen.

Das Herausforderndste für die Nachbarschaften in den Modellquartieren ist zumeist nicht das Mobilitätsproblem: Viele schaffen ihr Auto tatsächlich ab (oder liebäugeln mit der Idee), für andere finden sich Parkhäuser oder Tiefgaragen am Rande des vom Auto befreiten Quartiers. Die Kommunen führen großzügige Vergünstigungen für die Fahrausweise im öffentlichen Nahverkehr ein. Zum größeren Problem wird paradoxerweise die Attraktivität der autofreien Viertel, insbesondere in Innenstadtlagen, da sie nun zum Freizeitmagneten am Tage und leider oft auch in der Nacht werden. Die Freiheit, sich gefahrlos und dadurch entspannt auf den Straßen bewegen zu können, hat häufigere Ruhestörungen zur Folge – noch verstärkt wahrgenommen durch das fehlende Grundrauschen des Autoverkehrs. Aus diesen Erfahrungen heraus beginnt man zunehmend, auch Quartiere in Mittel- und Stadtrandlagen modellhaft und oft auch dauerhaft für den Autoverkehr zu schließen, insbesondere dann, wenn sie eine Aufwertung gut gebrauchen können.

Egal in welchen Stadtvierteln und Milieus – immer gilt es, den Prozess des Übergangs zur befreiten Straße ernst zu nehmen. Die Kommunikation und vor allen Dingen der Dialog mit den Bürgerinnen und Bürgern entscheiden darüber, ob die Befreiung der Straße gelingt. Die Menschen wollen und müssen mitentscheiden, wie sich ihre Straße entwickeln soll. Ein häufig und erfolgreich eingesetztes Format ist das „Straßenparlament", also offene Versammlungen, bei denen Nachbarinnen und Nachbarn gemeinsam mit Expertinnen und Experten Pläne für die schrittweise Umgestaltung ihres Quartiers erarbeiten – mit regelmäßigen Wiederholungen und dadurch stetigen Verbesserungen.

Straßenparlamente bilden oft die Initialzündung für mehr Nachbarschaftssinn. Gruppen finden sich hier zusammen, die ein kleines Projekt auf der Straße gemeinsam realisieren – beispielsweise das Bauen und Betreuen eines Straßenbeetes, die Übernahme von Schichten im Straßen-Concierge-Büro oder die Verabredung zu einem wöchentlichen Tennismatch auf der befreiten Straße. Viele Bewohnerinnen und Bewohner übernehmen Verantwortung für ihre Straße und damit für die Gesellschaft. Sie machen neue Erfahrungen, bemächtigen sich neuer Themen und bilden sich weiter. So werden die Stadtquartiere nicht mehr von Bürgermeisterinnen und -meistern regiert, sondern von vielen „Meisterbürgerinnen und -bürgern".

Gärtnern kann politisch sein
Das Pflanzen und Pflegen von Gewächsen im öffentlichen Raum ist mehr als nur hübsch anzusehen und gut für die Natur. Man bringt da zum Ausdruck, dass einem das Viertel, die St die Welt nicht egal sind, und macht womöglic anderen Mut, sich anzuschließen.

Interessant ist die Aktion Gieß den Kiez – eine interaktive Karte der Berliner Stadtbäume, fü die man koordiniert Verantwortung übernehr kann: www.giessdenkiez.de

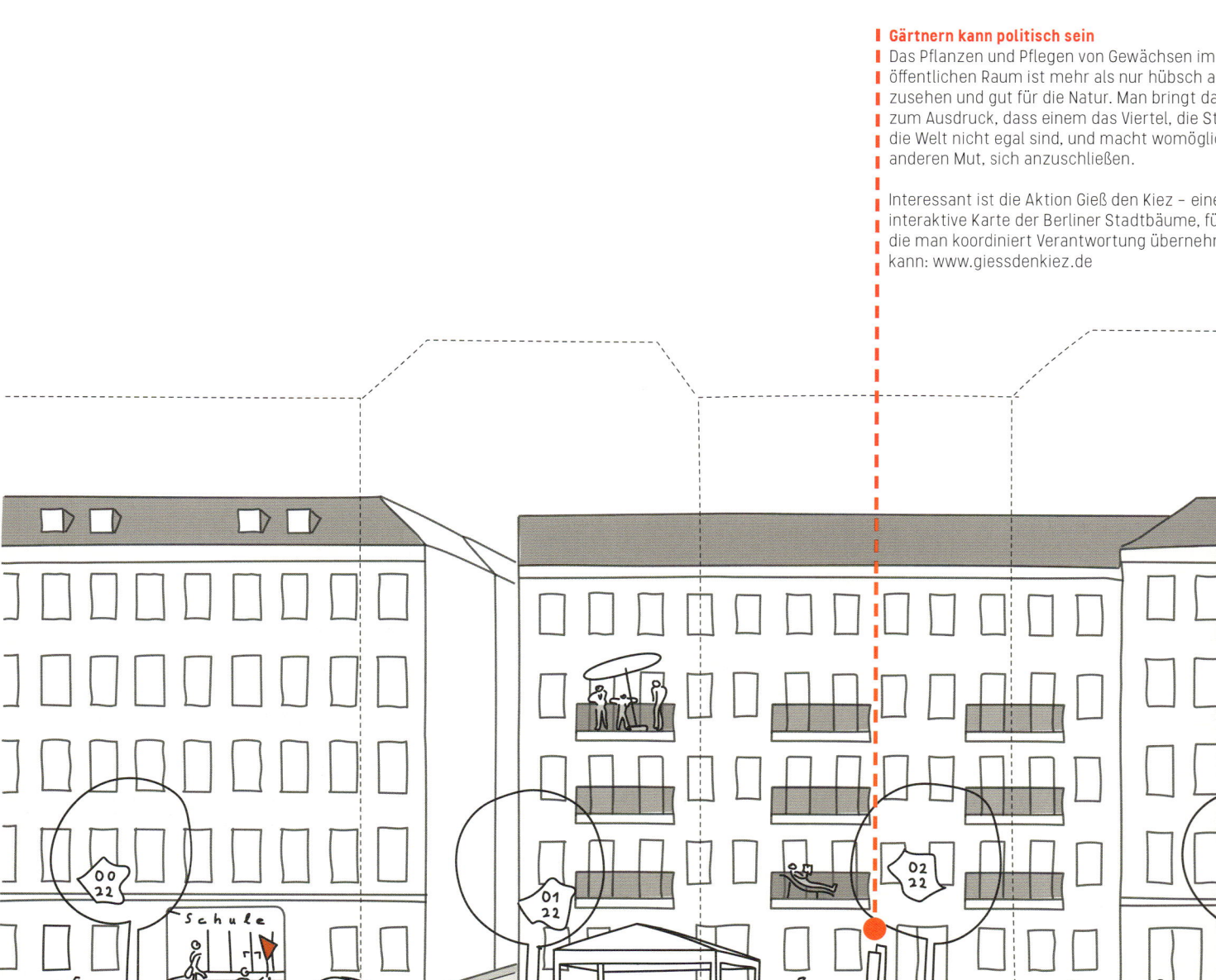

Verantwortungsvolles Miteinander
Wir sind alle Akteurinnen und Akteure des Verkehrssystems und können dieses positiv wie negativ beeinflussen. Gerade als Autofahrerin oder Autofahrer hat jede und jeder jedoch eine besondere Verantwortung gegenüber verletzlicheren Verkehrsteilnehmenden. Die schwere Karosserie schützt die Insassen, kann für Fußgängerinnen und Fahrradfahrer jedoch zu einer großen Gefahr werden. Also: Die wirklich Coolen fahren entspannt und zuvorkommend!

Politische Ämter übernehmen
Verkehr- und Bauthemen werden in Gemeindevertretungen entschieden. Wer sich in der Kommunalpolitik engagiert, hat unmittelbaren Einfluss auf die Gestaltung der Stadt.

Selbstaneignung des öffentlichen Raums
Lebendige öffentliche Räume entstehen nicht auf Anordnung. Stattdessen braucht es Aktivitäten, und die kann es auch ohne zusätzliche Regelwerke geben. Bürgerinnen und Bürger, die Gehwege und Parkplätze für ihr temporäres geselliges und nachbarschaftliches Zusammensein nutzen, füllen den Gedanken der Initiative „Straßen befreien" mit Leben.

Autofreie Installationen und Veranstaltungen
Autofreie Schul- und Spielstraßen und Aktionstage wie der Park(ing) Day oder ein Tag des guten Lebens können von Bürgern und Bürgerinnen und Nachbarschaften initialisiert bzw. beantragt werden. Durch das Erleben des veränderten Stadtraums entstehen oft fruchtbare Debatten über die Verstetigung solcher Konzepte.

MIRCO (29) LEBT MIT SEINEM SOHN JIM (12) AM RANDE EINER DEUTSCHEN MITTELSTADT.

MIRCO LIEBT ES, ZEIT MIT JIM ZU VERBRINGEN. BESONDERS GERNE BACKEN SIE ZUSAMMEN COOKIES UND MACHEN FAXEN.

MIRCO MUSS SEHR VIEL ARBEITEN, DAMIT SIE ÜBER DIE RUNDEN KOMMEN – TAGSÜBER IM PAKETZENTRUM UND NACHTS OFT IN EINER CHEMISCHEN REINIGUNG. JIM IST DESHALB VIEL ALLEIN.

ALS JIM HEUTE VON DER SCHULE NACH HAUSE LÄUFT, IST ER VERBLÜFFT: SIE BEFREIEN DIE STRASSE VON AUTOS UND SAMMELN VORSCHLÄGE, WIE DIE NACHBARSCHAFT DEN RAUM NUTZEN WILL.

JIM NIMMT SICH EIN HERZ UND KLEBT AM ABEND SEINEN GRÖSSTEN WUNSCH MIT AN DIE WAND.

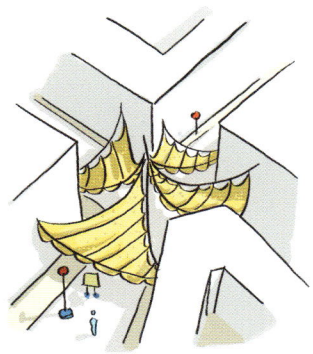

Seitdem die Strassen „befreit" wurden, sind zehn Jahre vergangen. Jim übernimmt mit seinen Freunden gerne Schichten im neuen „Kiezconcierge". Das ist der Treffpunkt im Quartier, an dem Nachbarinnen und Nachbarn einander helfen.

Ausserdem macht er eine Lehre als Tischler in einer der Strassenwerkstätten. Am meisten freut sich Jim jedoch, dass sein grosser Wunsch von damals in Erfüllung gegangen ist ...

... sein Vater hat endlich eine Arbeit, die ihm Spass macht. Er backt und verkauft Cookies in der Strassenmarkthalle und bringt Menschen zum Lachen.

Regelmässig gibt es Versammlungen, auch wieder zum 10. Geburtstag der befreiten Strasse. Verbesserungswünsche gibt es noch immer – zurück zu Strassen voller Autos will aber längst niemand mehr.

GLOSSAR

Weiterführende Fachbegriffe

Beteiligung (formelle und informelle)
Formelle Beteiligung ist gesetzlich vorgeschrieben und z. B. im Bau- und Planungsrecht geregelt. Sie sieht z. B. bei Bebauungsplänen die frühzeitige Öffentlichkeitsbeteiligung und öffentliche Auslegung vor. Informelle Beteiligung ist gesetzlich nicht vorgeschrieben oder geregelt. Sie wird auch als deliberative oder konsultative, d. h. beratschlagende bzw. beratende Beteiligung bezeichnet. Es geht dabei um Information, Wissens- und Meinungsbildung, den Austausch und das Abwägen von Argumenten und die Entwicklung der besten Lösungen in diskursiven Formaten.

Critical Mass (= kritische Masse)
ist eine regelmäßige Veranstaltung in vielen Städten der Welt, bei der sich Radfahrende scheinbar zufällig und unorganisiert treffen, um mit gemeinsamen Fahrten durch die Innenstädte auf ihre Belange und Rechte gegenüber dem Autoverkehr aufmerksam zu machen. Erst ab 100 Teilnehmerinnen und Teilnehmern muss die Critical Mass genehmigt werden (Verwaltungsvorschrift zu § 29 StVO).

Kiezblocks/Superblocks
sind Wohnquartiere ohne motorisierten Durchgangsverkehr. Sie haben darüber hinaus unter anderem zum Ziel, die Aufenthaltsqualität in den Kiezen zu verbessern, für mehr Sicherheit zu sorgen und urbane Hitzeinseln zu vermeiden.

Parklet
bezeichnet eine meist zeitlich befristete Erweiterung des Gehwegs um Flächen, die vorher zum Parken verwendet wurden. Die Installationen können beispielsweise für Sitz- und Spielflächen, Bepflanzung oder Fahrradabstellmöglichkeiten genutzt werden. Sie sollen vor allem neue Begegnungsräume in der Nachbarschaft ermöglichen und ein Stück der Straße für den Fußverkehr zurückgewinnen. Weil sie kein festes Fundament haben, können sie schnell und günstig auf-, aber auch wieder abgebaut werden.

Rad- und Fußentscheide
sind in der Regel Bürgerbegehren, die meist sichere, attraktive Straßen und Wege für alle sowie menschengerechte Plätze mit hoher Aufenthaltsqualität fordern und auf einen Ausbau von Fuß- und Radinfrastrukturen abzielen.

Top-down- versus Bottom-up-Beteiligung
Top-down-Ansätze in der bürgerschaftlichen Beteiligung sind Verfahren, die von Politik und Verwaltung angestoßen werden. Bottom-up-Ansätze entstehen demgegenüber aus der Zivilgesellschaft heraus. Die Unterscheidung ist jedoch nicht trennscharf, da beispielsweise durch Bottom-up-Initiativen politische Forderungen formuliert und öffentlicher Druck erzeugt werden kann, worauf Politik und Verwaltung ihrerseits mit Umsetzungsvorschlägen oder Beteiligungsangeboten reagieren. Auch andersherum kann eine Initiative aus Politik und Verwaltung die Bürgerschaft zu weitergehenden Aktionen animieren, sodass es oft zu Wechselwirkungen kommt.

LITERATUR

Beteiligungsanregungen und Impulse

Aktionsbuch Verkehrswende
Das Aktionsbuch Verkehrswende steckt voller Erfahrungen und praktischer Tipps für lokale Aktionen, Bündnisarbeit, den Umgang mit der Presse, den Baumhausbau oder den Entwurf eigener Verkehrswendepläne. Du findest Praxishandreichungen, bedienungsfreundlich aufbereitet: Checklisten, Grafiken, Kurzinfos u. a. zu Pressemitteilungen, Demoanmeldungen, Camplogistik und vielem mehr.

Anti-Auto-Aktionsbuch
Dieses Buch beschreibt Hunderte von Aktionen für die Verkehrswende von unten, einschließlich rechtlicher und organisatorischer Hinweise! Du erfährst unter anderem, wie du bei dir vor Ort Straßen temporär autofrei machen kannst, wie Fahrradstraßen durchgesetzt oder umfassende Verkehrswendepläne erstellt werden können, wie du Mitstreiterinnen und Mitstreiter gewinnen oder wie du die Presse erreichen kannst. Praxisnah und mit vielen Fotos sollen Kreativität angeheizt und Anleitung gegeben werden, mit mutigen Forderungen und Aktionen das große Rad der Verkehrswende konsequent und ohne Greenwashing zu drehen.

Extinction Rebellion
Bei Extinction Rebellion geht es um mehr als nur die Verkehrswende – aber sie ist ein zentraler Bestandteil hin zur Bekämpfung der Klimakatastrophe. Auf der Website finden sich Ideen, Infos, Material und Termine, um dich an Aktionen zu beteiligen. Jede und jeder kann dabei etwas finden – die Vorbereitung, Durchführung und Aufbereitung von Aktionen ist vielseitig.

Informationen über Bürgerbeteiligung und viele Beispiele
partizipendium.de – Der Bürgerbeteiligungs-Blog. Ein privates, nicht kommerzielles Projekt von Dr. Andreas Paust mit vielen Informationen über Bürgerbeteiligung. Wenn du im Suchfeld „Verkehrswende" eingibst, kommst du auch direkt zu Beispielen für Bürgerbeteiligung zur Verkehrswende.

Netzwerk Bürgerbeteiligung
Hier findest du eine Sammlung von Regelungen und Handlungsempfehlungen zur kommunalen Bürgerbeteiligung. Dabei handelt es sich sowohl um fertige Leitlinien als auch um Informationen zu aktuellen Prozessen der Leitlinienerstellung.

Stadt als Ressource
Das Buch von Martin Kaltwasser und Folke Köbberling mit dem Titel „Ressource Stadt. City as a Resource" (erschienen bei JOVIS, 2006) zeigt, wie mit minimalem finanziellen Aufwand und vielen „Umsonstmaterialien", die sich in der Stadt finden, in kürzester Zeit und selbstorganisiert Experimentierräume, z. B. Installationen und Pavillons, entstehen, mit denen du Stadtraum anders erleben kannst.

Straßen zurückerobern
Der Verkehrsclub Deutschland e. V. (VCD) unterstützt tatkräftig die Forderung nach einer Rückeroberung der Straßen – zum Entspannen, Reden und Entdecken. Auf ihrem Internetportal www.strasse-zurueckerobern.de finden sich zahlreiche Inspirationen, wie andere Menschen die Straße zurückerobert haben und wie du deine eigene Geschichte starten kannst. Dort findest du auch den Leitfaden des VCD: 12 qm Kultur: Leitfaden zur Rückeroberung der Straße.

Thalia Verkade und Marco te Brömmelstroet
Movement: How to take back our streets and transform our lives, Scribe Publications 2022. Die Journalistin Thalia Verkade und der Mobilitätsforscher Marco te Brömmelstroet rufen zur Neunutzung der Straße aus. Sie haben auch, aber nicht nur, im Sinn, mehr sicheren Platz für das Radfahren zu schaffen. Sie präsentieren viele Beispiele auch für mehr Raum und Sicherheit für Kinder und Alte.

BIBLIOGRAFIE

AFP (2017, 27. Februar). Moderner Lieferdienst: Essen auf Roboterrädern in Estland.

Aichinger, W. (2020). Quartiersmobilität gestalten: Verkehrsbelastungen reduzieren und Flächen gewinnen. Dessau-Roßlau: Umweltbundesamt.

Allmendinger, J., & Wetzel, J. (2019, 22. Mai). „Wir"-Gefühl: Die Vertrauensfrage. Die Zeit.

Andersen, L. B. (2020, 23.Juni). Debat: Bilfrie og lukkede gader vil ikke skabe fuglekvidder og hyggeoaser. https://ugeavisen.dk/indreby/artikel/debat-bilfrie-og-lukkede-gader-vil-ikke-skabe-fuglekvidder-og-hyggeoaser. Abgerufen 12. September 2022.

Andor, M. A., Gerster, A., Gillingham, K. T., & Horvath, M. (2020). Running a car costs much more than people think: Stalling the uptake of green travel. Nature, 580(7804), 453-455.

Appleyard, D., Gerson, M. S., & Lintell, M. (1981). Livable streets. Berkeley, CA: University of California Press.

Appleyard, D., & Lintell, M. (1972). The environmental quality of city streets: The residents' viewpoint. Journal of the American Institute of Planners, 38(2), 84-101.

BBVA & City of Madrid (2019). Efectos gasto navidad 2018/1: Gran Vía y Madrid Central.

Beckmann, G., Dosch, F., Siegel, G., & Bundesinstitut für Bau-, Stadt- und Raumforschung (Hg.) (2017). Klimaresilienter Stadtumbau: Bilanz und Transfer von StadtKlimaExWoSt 1. Aufl. Bonn: Bundesinstitut für Bau-, Stadt- und Raumforschung (BBSR) im Bundesamt für Bauwesen und Raumordnung (BBR).

Bieler, C., & Sutter, D. (2019). Externe Kosten des Verkehrs in Deutschland: Straßen-, Schienen-, Luft- und Binnenschiffverkehr 2017 [Schlussbericht]. Allianz pro Schiene e.V.

Biercamp, N., Wissel, S., & Spreter, R. (2017). Grün. Sozial. Wertvoll. Gemeinsam Natur in sozial benachteiligte Quartiere holen! Empfehlungen und Beispiele für Kommunen. Deutsche Umwelthilfe e.V.

Blinkert, B. (1996). Aktionsräume von Kindern in der Stadt: Eine Untersuchung im Auftrag der Stadt Freiburg. Pfaffenweiler: Centaurus-Verlagsgesellschaft.

BMUV Bundesministerium für Umwelt, Naturschutz, nukleare Sicherheit und Verbraucherschutz & UBA Umweltbundesamt (Hg.) (2022). Umweltbewusstsein in Deutschland 2020: Ergebnisse einer repräsentativen Bevölkerungsumfrage. Redaktion: H. Williams BMUV und A. Gellrich UBA.

BMWi Bundesministerium für Wirtschaft und Energie (BMWi) (Hg.) (2019). Freiräume für Innovationen: Das Handbuch für Reallabore. Referat Öffentlichkeitsarbeit.

Böhm, B. (2015). Die Kombination ist entscheidend: Wie man die Vorteile deliberativer und direktdemokratischer Partizipationsverfahren nutzen kann. Neue Gesellschaft Frankfurter Hefte, 2015(10), 24-26.

Braess, D. (1968). Über ein Paradoxon aus der Verkehrsplanung. Unternehmensforschung Operations Research - Recherche Opérationnelle, 12(1), 258-268.

Brandt, M., Butzin, A., Gärtner, S., Meyer, K., Hennings, G., Siebert, S., & Ziegler-Hennings, C. (2017). Produktion zurück ins Quartier? Neue Arbeitsorte in der gemischten Stadt. [Forschungsgutachten]. Hg. Ministerium für Heimat, Kommunales, Bau und Gleichstellung des Landes Nordrhein-Westfalen.

Braungart, M. (Hg.) (2008). Die nächste industrielle Revolution: Die Cradle-to-cradle-Community. Hamburg: Europäische Verlagsanstalt.

Brüchle, W., Schwarzer, C., Berns, C., Scho, S., Schneefeld, J., Koester, D., Schack, T., Schneider, U., & Rosenkranz, K. (2021). Physical activity reduces clinical symptoms and restores neuroplasticity in major depression. Frontiers in Psychiatry, 12, https://doi.org/10.3389/fpsyt.2021.660642

Buchanan, P., Koch, A., Wedderburn, M., & Sieh, L. (2007). Paved with gold: The real value of good street design. Commission for Architecture and the Built Environment.

Bürgerrat Klima (2021). Unsere Empfehlungen für die deutsche Klimapolitik. Bürgergutachten.

Cairns, S., Atkins, S., & Goodwin, P. (2002). Disappearing traffic? The story so far. Proceedings of the Institution of Civil Engineers-Municipal Engineer, 151(1), 13-22.

Cairns, S., Hass-Klau, C., & Goodwin, P. (1998). Traffic impact of highway reductions. Assessment of evidence. London: Landor Publishing.

Callaghan, A., McCombe, G., Harrold, A., McMeel, C., Mills, G., Moore-Cherry, N., & Cullen, W. (2021). The impact of green spaces on mental health in urban settings: A scoping review. Journal of Mental Health, 30(2), 179-193.

Canzler, W., & Knie, A. (1994). Das Ende des Automobils. Fakten und Trends zum Umbau der Autogesellschaft. Heidelberg: C.F. Müller.

Canzler, W., & Knie, A. (1998). Möglichkeitsräume: Grundrisse einer modernen Mobilitäts- und Verkehrspolitik. Wien: Böhlau.

Canzler, W., & Knie, A. (2019). Autodämmerung: Experimentierräume für die Verkehrswende. Berlin: Heinrich-Böll-Stiftung.

Canzler, W., & Knie, A. (Hg.) (2021). Schwerpunktheft „Wohin des Weges? Neue Mobilität als eine Agenda des Wandels", WSI-Mitteilungen 3/2021.

Canzler, W., & Knie, A., Ruhrort, L., & Scherf, C. (2018). Erloschene Liebe? Das Auto in der Verkehrswende. Bielefeld: transcript.

Carmona, M., Gabrieli, T., Hickman, R., Laopoulou, T., & Livingstone, N. (2018). Street appeal: The value of street improvements. Progress in Planning, 126, 1-51.

Changing Cities (o. J.). Radentscheide in Deutschland. https://changing-cities.org. Abgerufen 13. Juni 2022.

Conquero, B. V., & Ruiz, R. (2019, 10. Februar). Madrid 360: Los críticos creen que el plan tendrá un „efecto llamada" de coches. Actualidad.

DAK Gesundheit (2021). Ist der Trend zum Homeoffice gesundheitsförderlich? Ergebnisse einer Forsa-Studie der DAK [PPP].

Davis, G. (2001). Relating severity of pedestrian injury to impact speed in vehicle-pedestrian crashes: Simple threshold model. Transportation Research Record, 1773(1), 108-113, http://dx.doi.org/10.3141/1773-13.

DESTATIS (2021a). Verkehrsunfälle: Kinderunfälle im Straßenverkehr 2020. Statistisches Bundesamt.

DESTATIS (2021b, 15. September). 68 % der Erwerbstätigen fuhren 2020 mit dem Auto zur Arbeit (Pressemitteilung 15. September 2021). Statistisches Bundesamt.

Deutscher Bundestag (2020). Straßenverkehrsordnungsrechtlicher Rahmen zur Anordnung temporärer und dauerhafter Radfahrstreifen (WD 7–3000–074/20) [Ausarbeitung]. Wissenschaftlicher Dienst des deutschen Bundestages (WD).

Deutscher Bundestag (2021, 24. April). Experten: Klimawandel hat massive Folgen für die Gesundheit von Kindern [Textarchiv]. Dokumente.

Deutscher Bundestag (2021, 21. Oktober). Stellungnahme der Kinderkommission des Deutschen Bundestages zum Thema „Auswirkungen von Klimawandel und Umweltverschmutzung auf Kinder und Jugendtliche". Kommissionsdrucksache 19. Wahlperiode 19/16.

Deutscher Städte - und Gemeindebund (Hg.) (2022). Hitze, Trockenheit und Starkregen: Klimaresilienz in der Stadt der Zukunft. Berlin.

Deutsche Umwelthilfe (2022). Bundesverfassungsgericht definiert Klimaschutzpflichten: Bundesebene muss Vorgaben machen, die Länder müssen sie umsetzen (Pressemitteilung 1. Februar 2022).

Diehl, K. (2022). Autokorrektur. Frankfurt am Main: S.Fischer.

Dienel, H.-L., Franzl, K., Fuhrmann, R. D., Lietzmann, H. J., & Vergne, A. (Hg.). (2014). Die Qualität von Bürgerbeteiligungsverfahren: Evaluation und Sicherung von Standards am Beispiel von Planungszellen und Bürgergutachten. München: oekom.

EC European Comission (2004). Reclaiming city streets for people: Chaos or quality of life? Europäische Kommission Generaldirektion Umwelt.

Edwards, P., & Tsouros, A. D. (2006). Promoting physical activity and active living in urban environments: The role of local governments. WHO Regional Office for Europe.

EFI (2022). Gutachten zu Forschung, Innovation und technologischer Leistungsfähigkeit Deutschlands 2022. EFI - Expertenkommission Forschung und Innovation.

Erlwein, S., & Pauleit, S. (2021). Trade-offs between urban green space and densification: Balancing outdoor thermal comfort, mobility, and housing demand. Urban Planning, 6(1), 5-19.

Eyink, H., & Heck, B. (2015). Grün in der Stadt - Für eine lebenswerte Zukunft: Grünbuch Stadtgrün. Hg. Bundesministerium für Umwelt, Naturschutz, Bau und Reaktorsicherheit (BMUB), Referat Öffentlichkeitsarbeit.

Eyink, H., & Heck, B. (2017). Weißbuch Stadtgrün: Grün in der Stadt - Für eine lebenswerte Zukunft. Hg. Bundesministerium für Umwelt, Naturschutz, Bau und Reaktorsicherheit (BMUB), Referat Öffentlichkeitsarbeit.

Finger, J. D., Varnaccia, G., Borrmann, A., Lange, C., & Menssink, G. B. M. (2018). Körperliche Aktivität von Kindern und Jugendlichen in Deutschland: Querschnittergebnisse aus KiGGS Welle 2 und Trends. Journal of Health Monitoring, 3(1). Hg. Robert Koch-Institut, Berlin, 24-30.

Finkenstaedt, M., & Thorbrietz, P. (o. J.). Kindergesundheit. Deutsche Allianz Klimawandel und Gesundheit e.V. (KLUG). http://www.klimawandel-gesundheit.de. Abgerufen 13. Juni 2022.

Francis, J., Martin, K., Wood, L., & Foster, S. (2017). „I'll be driving you to school for the rest of your life": A qualitative study of parents' fear of stranger danger. Journal of Environmental Psychology, 53, 112-120.

Froböse, I., & Wallmann-Sperlich, B. (2021). Der DKV-Report 2021: Wie gesund lebt Deutschland? DKV Deutsche Krankenversicherung und Deutsche Sporthochschule Köln.

Fuller, R. A., Irvine, K. N., Devine-Wright, P., Warren, P. H., & Gaston, K. J. (2007). Psychological benefits of greenspace increase with biodiversity. Biology Letters, 3(4), 390-394.

Gärtner, S., Meyer, K., & Schlieter, D. (2021). Produktive Stadt und Urbane Produktion: Ein Versuch der Verortung anhand der Neuen Leipzig-Charta. Forschung Aktuell, 04/2021, 1-14.

Gascon, M., Sánchez-Benavides, G., Dadvand, P., Martínez, D., Gramunt, N., Gotsens, X., Cirach, M., Vert, C., Molinuevo, J. L., Crous-Bou, M., & Nieuwenhuijsen, M. (2018). Long-term exposure to residential green and blue spaces and anxiety and depression in adults: A cross-sectional study. Environmental Research, 162, 231-239.

Gauderman, W. J., Vora, H., McConnell, R., Berhane, K., Gilliland, F., Thomas, D., Lurmann, F., Avol, E., Kunzli, N., Jerrett, M., & Peters, J. (2007). Effect of exposure to traffic on lung development from 10 to 18 years of age: A cohort study. The Lancet, 369(9561), 571-577.

Gehl, J. (1986). „Soft edges" in residential streets. Scandinavian Housing and Planning Research, 3(2), 89-102.

Göpel, M. (2020). Unsere Welt neu denken: Eine Einladung. Berlin: Ullstein Buchverlage.

Gössling, S., Choi, A., Dekker, K., & Metzler, D. (2019). The social cost of automobility, cycling and walking in the European Union. Ecological Economics, 158, 65-74.

Gössling, S., Kees, J., & Litman, T. (2022). The lifetime cost of driving a car. Ecological Economics, 194, https://doi.org/10.1016/j.ecolecon.2021.107335.

Graeber, D. (2013). Direkte Aktion. Hamburg: Edition Nautilus.

Grausam, M., & Bernögger, A. (2017). NaBEK Handbuch: Ergebnisse der Wissenskooperation „Nachhaltiges Bauen in der Entwicklungszusammenarbeit & Katastrophenhilfe" 2015/2016. humantektur und Architekten über Grenzen e.V.

Haarmann, A., & Lemke, H. (Hg.) (2021). Die Keimzelle: Transformative Praxen einer anderen Stadtgesellschaft: Theoretische und künstlerische Zugänge. Bielefeld: transcript.

Hart, J., & Parkhurst, G. (2011). Driven to excess: Impacts of motor vehicles on the quality of life of residents of three streets in Bristol UK. World Transport Policy & Practice, 17(2).

Hellbrück, J., & Kals, E. (2012). Umweltpsychologie. Wiesbaden: VS Verlag für Sozialwissenschaften.

Henderson, J., & Gulsrud, N. M. (2019). Street fights in Copenhagen: Bicycle and car politics in a green mobility city. New York, NY: Routledge.

Henninger, S., & Albert, L. (2021). Urbane Klimaresilienz hat viele Farben. In: CITIES 20.50. Creating Habitats for the 3rd Millennium: Smart—Sustainable—Climate Neutral. Proceedings of the REAL CORP 2021, 26th International Conference on Urban Development, Regional Planning and Information Society, 1041-1048.

Hermes, G., Kramer, U., & Weiß, H. (2022). Entwurf eines Bundesmobilitätsgesetzes, im Auftrag des Verkehrsclub Deutschland e.V. Bundesverband (VCD). [Gesetzesentwurf]. Verkehrsclub Deutschland e.V. Bundesverband (VCD).

Hönle, E., Meier, T., & Christen, O. (2016). Land use and regional supply capacities of urban food patterns: Berlin as an example. Ernährungs Umschau, 64(1), 11-19.

Hornberg, C., Niekisch, M., Calliess, C., Kemfert, C., Lucht, W., Messari-Becker, L., & Rotter, V. (2018). Wohnungsneubau langfristig denken: Für mehr Umweltschutz und Lebensqualität in den Städten. [Stellungnahme]. Geschäftsstelle des Sachverständigenrates für Umweltfragen (SRU).

Hornberg, C., Niekisch, M., Calliess, C., Kemfert, C., Lucht, W., Messari-Becker, L., & Rotter, V. (2020). Weniger Verkehrslärm für mehr Gesundheit und Lebensqualität. In: Für eine entschlossene Umweltpolitik in Deutschland und Europa — Umweltgutachten 2020. Geschäftsstelle des Sachverständigenrates für Umweltfragen (SRU), 261-325.

Hunter, M. R., Gillespie, B. W., Yu-Pu Chen, S. (2019). Urban nature experiences reduce stress in the context of daily life based on salivary biomarkers. Frontiers in Psychology, April 2019. https://doi.org/10.3389/fpsyg.2019.00722.

Intergovernmental Panel on Climate Change (IPCC) (2021). Summary for Policymakers. In: Climate Change 2021: The Physical Science Basis. Contribution of Working Group I to the Sixth Assessment Report of the Intergovernmental Panel on Climate Change. Cambridge, NY: Cambridge University Press, 3-32.

Joseph, S., Peters, I., & Friedrich, H. (2019). Can regional organic agriculture feed the regional community? A Case Study for Hamburg and North Germany. Ecological Economics, 164, https://doi.org/10.1016/j.ecolecon.2019.05.022.

Katzmarzyk, P. T., Friedenreich, C., Shiroma, E. J., & Lee, I.-M. (2022). Physical inactivity and non-communicable disease burden in low-income, middle-income and high-income countries. British Journal of Sports Medicine, 56(2), 101-106.

Klein, N. (2021). How to Change Everything: Wie wir alles ändern können und die Zukunft retten. Hamburg: Hoffmann und Campe.

Klinenberg, E. (2015). Heat wave: A social autopsy of disaster in Chicago. Chicago, IL: University of Chicago Press.

Knapp, S. (2020). Wie steht es um die Biodiversität der Städte? In: Biodiversität im Meer und an Land. Vom Wert biologischer Vielfalt. Deutsches GeoForschungsZentrum GFZ. ESKP-Themenspezial: Biodiversität, 113-115.

Knoflacher, H. (2013). Zurück zur Mobilität! Anstöße zum Umdenken. Wien: Ueberreuter.

Krüger, A. (2021, 11. Mai). Verkehrsforscher über Sprache: „Die Straße war mal für Kinder". Die Tageszeitung: taz.

Kurtenbach, S., Üblacker, J., & Eisele, B. (2021). Nachbarschaft in der Krise? Ergebnisse einer Bevölkerungsbefragung in NRW während der Corona-Pandemie. Stadtforschung und Statistik: Zeitschrift des Verbandes Deutscher Städtestatistiker, 34(1), 26-31.

Lachapelle, P. (2008). A sense of ownership in community development: Understanding the potential for participation in community planning efforts. Community Development, 39(2), 52-59.

Lampert, T., Hoebel, J., & Kroll, L. E. (2019). Soziale Unterschiede in der Mortalität und Lebenserwartung in Deutschland: Aktuelle Situation und Trends. Journal of Health Monitoring, 4(1), 3-14.

Lauerbach, T. (2020). Wer lebt in den Gebieten der Sozialen Stadt? Analysen und Vergleiche auf Basis der innerstädtischen Raumbeobachtung. BBSR-Analysen KOMPAKT 04/2020. Hg. Bundesinstitut für Bau-, Stadt- und Raumforschung (BBSR) im Bundesamt für Bauwesen und Raumordnung (BBR), Bonn.

Lin, E.-Y., Witten, K., Oliver, M., Carroll, P., Asiasiga, L., Badland, H., & Parker, K. (2017). Social and built-environment factors related to children's independent mobility: The importance of neighbourhood cohesion and connectedness. Health & Place, 46, 107-113.

Lob-Corzilius, T. (2018). Feine und ultrafeine Stäube beeinflussen wesentlich die Kindergesundheit (Teil 1). Pädiatrische Allergologie, 04/2018, 5.

Neumann, P. (2016, 8. März). Bundesverkehrswegeplan: Bund will Verlängerung der umstrittenen A 100 in Berlin bauen. Berliner Zeitung.

Nobis, C., & Kuhnimhof, T. (2018). Mobilität in Deutschland: MiD Ergebnisbericht. Studie von infas, DLR, IVT und infas 360 im Auftrag des Bundesministers für Verkehr und digitale Infrastruktur (FE-Nr. 70.904/15).

O'Connor, J., & Brown, A. (2013). A qualitative study of „fear" as a regulator of children's independent physical activity in the suburbs. Health & Place, 24, 157-164.

Personenbeförderungsgesetz (PBefG), (2021). https://www.gesetze-im-internet.de/pbefg/BJNR002410961.html. Abgerufen 13. Juni 2022.

Petschow, U., Ferdinand, J.-P., Dickel, S., Flämig, H., & Steinfeldt, M. (Hg.) (2014). Dezentrale Produktion, 3D-Druck und Nachhaltigkeit: Trajektorien und Potenziale innovativer Wertschöpfungsmuster zwischen Maker-Bewegung und Industrie 4.0. Institut für ökologische Wirtschaftsforschung Berlin.

Randelhoff, M. (2014, 19. August). Vergleich unterschiedlicher Flächeninanspruchnahmen nach Verkehrsarten (pro Person). Zukunft Mobilität.

Reid, C. (2019). Closing central Madrid to cars resulted in 9.5% boost to retail spending, finds bank analysis. Forbes. https://www.forbes.com/sites/carltonreid/2019/03/08/closing-central-madrid-to-cars-resulted-in-9-5-boost-to-retail-spending-finds-bank-analysis/?. Abgerufen 13. Juni 2022.

Rothman, L., Buliung, R., To, T., Macarthur, C., Macpherson, A., & Howard, A. (2015). Associations between parents' perception of traffic danger, the built environment and walking to school. Journal of Transport & Health, 2(3), 327-335.

Sadik-Khan, J., Schaller, B., Maguire, T., Ardito, L., Flynn, M., Quinn, S., Nedeljkovic, I., De-Crescenzo, E., & Barber, G. (2014). The economic benefits of sustainable streets. New York City Department of Transportation.

Sallis, R., Young, D. R., Tartof, S. Y., Sallis, J. F., Sall, J., Li, Q., Smith, G. N., & Cohen, D. A. (2021). Physical inactivity is associated with a higher risk for severe COVID-19 outcomes: A study in 48 440 adult patients. British Journal of Sports Medicine, 55(19), 1099-1105.

Schubert, H., & Schnittger, A. (2005). Sicheres Wohnquartier – Gute Nachbarschaft: Handreichung zur Förderung der Kriminalprävention im Städtebau und in der Wohnungsbewirtschaftung. Hg. Niedersächsisches Ministerium für Soziales, Frauen, Familie und Gesundheit.

Sharma, A., & Kumar, P. (2020). Quantification of air pollution exposure to in-pram babies and mitigation strategies. Environment International, 139, http://doi.org/10.1016/j.envint.2020.105671.

Siebert, W., & Tiegs, S. (2021, 4. Juni). Der Berliner Bergmannkiez probt die Verkehrswende. rbb24.

Sieker, H., Büter, B., Becker, C., Hübner, S., Steyer, R., Leßmann, D., & von Tils, R. (2019). Untersuchung der Potentiale für die Nutzung von Regenwasser zur Verdunstungskühlung in Städten. [Abschlussbericht]. Umweltbundesamt.

Siems, D. (2019, 4. September). City logistics: Car-free model city Ghent. Hermes Newsroom. https://newsroom.hermesworld.com/international/city-logistics-car-free-model-city-ghent-a-conceivable-concept-for-german-cities-1409. Abgerufen 13. Juni 2022.

Sommerflotte 2019. (o. J.). Neue Mobilität Berlin. https://neue-mobilitaet.berlin/sommerflotte2019. Abgerufen 13. Juni 2022.

Sonne, W. (2020). Stadtquartiere bauen - Aus Erfahrungen lernen: 10 Prinzipien. In: Die Zukunft gehört dem urbanen Quartier: Das Quartier als eine alles umfassende kleinste Einheit von Stadtgesellschaft. Wiesbaden: Springer Fachmedien, 47-73.

Spiegler, R., & Landsberg, G. (2021). Masterplan Klimaanpassung + Klimaschutz. Deutscher Städte- und Gemeindebund.

Stimpel, R. (2020). Das Geh-Quartier - Urbanität kommt zu Fuß. In: N. Berding & W.-D. Bukow (Hg.), Die Zukunft gehört dem urbanen Quartier. Wiesbaden: Springer Fachmedien, 77-81.

Straßenverkehrs-Ordnung (StVO) § 45 Verkehrszeichen und Verkehrseinrichtungen. https://www.gesetze-im-internet.de/stvo_2013/__45.html. Abgerufen 13. Juni 2022.

UBA Umweltbundesamt. (2020a, 18. November). Verpackungsmüll: Onlinemarktplätze müssen besser kontrolliert werden (Pressemitteilung 18. November 2020).

UBA Umweltbundesamt (2020b, August). Verkehrswende für alle: So erreichen wir eine sozial gerechtere und umweltverträglichere Mobilität. [Position]. Umweltbundesamt.

UBA Umweltbundesamt. (2021, 7. Mai). Luftbelastung in Ballungsräumen. Daten.

UBA Umweltbundesamt. (2022, 2. Februar). Quellen der Luftschadstoffe. Themen.

Voermans, S., Hombrecher, M., Borgerding, K., & Wolters, S. (2016). Beweg Dich, Deutschland! TK-Bewegungsstudie 2016. Techniker Krankenkasse, Bereich: Markt und Kunde, Fachbereich Gesundheitsmanagement.

von Schneidemesser, D., & Betzien, J. (2021). Local business perception vs. mobility behavior of shoppers: A survey from Berlin. Sydney: Findings Press.

Wagner, G. (2021). Stadt, Land, Klima. Wien: Brandstätter.

White, M. P., Alcock, I., Wheeler, B. W., & Depledge, M. H. (2013). Would you be happier living in a greener urban area? A fixed-effects analysis of panel data. Psychological Science, 24(6), 920-928.

WHO (World Health Organisation) (2018a). Air pollution and child health: Prescribing clean air. [Summary]. Department of Public Health, Environmental and Social Determinants of Health Climate and Other Determinants of Health Cluster World Health Organization (WHO).

WHO (World Health Organisation) (2018b). Environmental noise guidelines for the European Region. WHO Regional Office for Europe.

WHO (World Health Organisation) (2018c). Air pollution and child health: Prescribing clean air.

WHO (World Health Organisation) (2020, 26. November). Physical activity. Newsroom.

Wildner, K., & Berger, H. M. (2018, 7. September). Das Prinzip des öffentlichen Raums. [Bundeszentrale für politische Bildung]. Stadt und Gesellschaft.

Wolf, A. (2022, 19. Juni). Die gesunde Stadt ist unbequem. Frankfurter Allgemeine Sonntagszeitung.

Wolf, I., Fischer, A.-K., & Huttarsch, J.-H. (2021). Soziales Nachhaltigkeitsbarometer der Energie- und Verkehrswende 2021. Kernaussagen und Zusammenfassung der wesentlichen Ergebnisse. Institut für transformative Nachhaltigkeitsforschung e.V. (IASS).

Wolf, K., Kraus, U., Dzolan, M., Bolte, G., Lakes, T., Schikowski, T., Greiser, K., Kuß, O., Ahrens, W., Bamberg, F., Becher, H., Berger, K., Brenner, H., Castell, S., Damms-Machando, A., Fischer, B., Franzke, C.-W., Gastell, S., Günther, K., … Schneider, A. (2020). Nächtliche Verkehrslärmbelästigung in Deutschland: Individuelle und regionale Unterschiede in der NAKO Gesundheitsstudie. springermedizin.de, Bundesgesundheitsblatt-Gesundheitsforschung-Gesundheitsschutz (63), 3.

Wunder, S. (2019). Nachhaltige Ernährungssysteme in Zeiten von Urbanisierung und globaler Ressourcenknappheit: Herausforderungen und Handlungsmöglichkeiten. Umweltbundesamt.

Yuchi, W., Sbihi, H., Davies, H., Tamburic, L., & Brauer, M. (2020). Road proximity, air pollution, noise, green space and neurologic disease incidence: A population-based cohort study. Environmental Health, 19(1), 8.

ZDF Magazin Royale (2021, 17. September). Jan Böhmermann - Warum hört der Fahrradweg einfach hier auf?

IMPRESSUM

Allianz der freien Straße

Paper Planes e. V.
paper planes e.V. hatte die Grundidee zum Projekt und ist für die Gesamtkonzeption, die Zukunftsbilder und die Kampagnenarbeit zuständig. Die gemeinnützige Denkfabrik hat bereits radikal nachhaltige Stadtraumvisionen wie „Radbahn Berlin" oder die „morgenfarm berlin" initiiert.

Wissenschaftszentrum Berlin für Sozialforschung
Die Forschungsgruppe Digitale Mobilität im Wissenschaftszentrum Berlin für Sozialforschung gilt in Deutschland als führend bei der Erforschung des Mobilitätsverhaltens. Sie liefert die wissenschaftliche Expertise und steuert für das Projekt ihren großen Erfahrungsschatz bei Verkehrswendeprozessen bei.

Technische Universität Berlin
Die Technische Universität Berlin ist mit dem Fachgebiet Arbeitslehre/ Technik und Partizipation Partner des Projekts. Das Fachgebiet ist u.a. auf Beteiligung im Rahmen von Forschungsprojekten spezialisiert, sichert im Projekt den Mitwirkungsprozess und sorgt dafür, dass Empfehlungen von Bürgerinnen und Bürgern im Manifest Berücksichtigung finden.

Das Projekt wird gefördert durch die **Stiftung Mercator**.

Initialisierung und Projektleitung
Jonas Marx (Projektimpuls)
Matthias Heskamp | paper planes e.V.
Stefano Tiracchia | paper planes e.V.
Perttu Ratilainen | paper planes e.V.
Simon Wöhr | paper planes e.V.
Dr. Birgit Böhm | TU Berlin
Dr. Weert Canzler | WZB
Prof. Dr. Andreas Knie | WZB

Redaktionsleitung
Simon Wöhr | paper planes e.V.

Co-Autoren
Jasmijn Lodder | paper planes e.V.
Tobias Biehle | TU Berlin
Dr. Birgit Böhm | TU Berlin
Dr. Weert Canzler | WZB
Dr. Juliane Haus | WZB
Theresa Pfaff | WZB

Inhaltlich Mitwirkende
Giulia Pozzi | Fabulism
Marco Piazza | Freier Architekt
Arne Janssen | paper planes e.V.
Kristin Karig | paper planes e.V.
Mathilde Kærgaard Skaaning | paper planes e.V.
Dr. Francesca Weber-Newth | paper planes e.V.
Friederike Tautz | TU Berlin
Sophie Persigehl | Urban Impact
Jonas Schorr | Urban Impact
Dr. Martin Gegner | WZB
Lara Meyer | WZB
Franziska Zehl | WZB

Strategie, Konzept und Design
in Zusammenarbeit mit WAALD – The Narrative Consultancy.

Lektorat
Svenja Paulsen

Layout
Giulia Maniscalco | paper planes e.V.

Renderings
Jonas Marx | Reindeer Renderings

Comics
Carlo Miatello (Artwork) | Freelance Illustrator
Stefano Tiracchia (Idee & Storyboard) | paper planes e.V.
Simon Wöhr (Idee & Texte) | paper planes e.V.

Illustration Infografiken
Kristin Karig | paper planes e.V.
Stefano Tiracchia | paper planes e.V.

Illustration Maßnahmen
Matthias Heskamp | paper planes e.V.

Umschlagmotiv
Jonas Marx | Reindeer Renderings

Lithografie
Bild1Druck | Berlin

Gedruckt in der Europäischen Union

Zitiervorschlag: Allianz der freien Straße (Hg.) (2022). Manifest der freien Straße. Berlin: JOVIS Verlag.

Vielen Dank an

die Stiftung Mercator, die das Projekt „Verkehrswende erleben" und die Entwicklung des Manifests finanziell gefördert hat, besonders an Dr. Klaus Kordowski, der das Projekt vonseiten der Stiftung Mercator begleitet hat,

Selim Guelbas, Christian Wagner und alle, die uns im Sommer 2021 geholfen haben, das Manifest zu schärfen und zu verbessern,

alle Bürgerinnen und Bürger, die sich 2021 in Online-Planungszellen an dem Bürgergutachten „Verkehrswende erleben – Stadtraum mitgestalten" beteiligt und ihre kritischen und konstruktiven Empfehlungen zu den ersten Bildentwürfen und zum Thema Verkehrswende eingebracht haben, auch an alle Referentinnen und Referenten und das Moderationsteam des nexus Instituts.

2. Auflage © 2023 by jovis Verlag
Ein Verlag der Walter de Gruyter GmbH, Berlin/Boston
© 2022 by jovis Verlag GmbH
Das Copyright für die Texte liegt bei den Autorinnen und Autoren.
Das Copyright für die Abbildungen liegt bei den Fotografinnen und Fotografen / Inhaberinnen und Inhabern der Bildrechte.

Alle Rechte vorbehalten.

Bibliografische Information der Deutschen Nationalbibliothek:
Die Deutsche Nationalbibliothek verzeichnet diese Publikation in der Deutschen Nationalbibliografie; detaillierte bibliografische Daten sind im Internet über http://dnb.d-nb.de abrufbar.

jovis Verlag
Genthiner Straße 13
10785 Berlin

www.jovis.de

jovis-Bücher sind weltweit im ausgewählten Buchhandel erhältlich. Informationen zu unserem internationalen Vertrieb erhalten Sie von Ihrer Buchhändlerin / Ihrem Buchhändler oder unter www.jovis.de.

ISBN 978-3-86859-774-5 (Softcover)
ISBN 978-3-98612-052-8 (E-Book)